GERAÇÃO DE VALOR FUTURO

GERAÇÃO DE VALOR FUTURO

Daniel Egger

© 2015, Elsevier Editora Ltda.

Todos os direitos reservados e protegidos pela Lei nº 9.610, de 19/02/1998.

Nenhuma parte deste livro, sem autorização prévia por escrito da editora, poderá ser reproduzida ou transmitida sejam quais forem os meios empregados: eletrônicos, mecânicos, fotográficos, gravação ou quaisquer outros.

Copidesque: Christiane Simyss

Editoração eletrônica: DTPhoenix Editorial

Revisão gráfica: Flor de Letras Editorial

Elsevier Editora Ltda.
Conhecimento sem Fronteiras
Rua Sete de Setembro, 111 – 16º andar
20050-006 – Centro – Rio de Janeiro – RJ – Brasil

Rua Quintana, 753 – 8º andar
04569-011 – Brooklin – São Paulo – SP – Brasil

Serviço de Atendimento ao Cliente
0800-0265340
atendimento1@elsevier.com

ISBN: 978-85-352-7540-7
ISBN (versão digital): 978-85-352-7541-4

Nota: Muito zelo e técnica foram empregados na edição desta obra. No entanto, podem ocorrer erros de digitação, impressão ou dúvida conceitual. Em qualquer das hipóteses, solicitamos a comunicação ao nosso Serviço de Atendimento ao Cliente, para que possamos esclarecer ou encaminhar a questão.

Nem a editora nem o autor assumem qualquer responsabilidade por eventuais danos ou perdas a pessoas ou bens, originados do uso desta publicação.

CIP-Brasil. Catalogação na publicação.
Sindicato Nacional dos Editores de Livros, RJ

E28g	Egger, Daniel
	Geração de valor futuro / Daniel Egger. – 1. ed. – Rio de Janeiro: Elsevier, 2015.
	il. ; 23 cm.
	ISBN 9788235275407
	1. Planejamento empresarial. 2. Planejamento estratégico. 3. Investimentos. 4. Criatividade nos negócios. I. Título.

CDD: 658.4012
CDU: 65.012.2

15-25208

Para minha "kleine Maus Olivia"
e todos os outros "kleinen Mäuse"
no mundo que irão definir o futuro.

AO LEITOR

Este livro está repleto de diversas experiências práticas. Todos os casos ocorridos com clientes e citados aqui tiveram seu conteúdo, segmento ou localização modificados. A mensagem-chave e seu aprendizado, no entanto, permaneceram originais. Os extensos exemplos em que aparecem o nome de uma empresa ou de pessoas não se referem a clientes; foram usadas fontes públicas para ilustrar os fatos.

AGRADECIMENTOS

Quando falamos sobre o futuro, não privilegiamos uma única mente que vê ou mesmo prevê o que irá acontecer. Para nós, é uma combinação de opiniões, debates e percepções de várias pessoas, que interagem, refletem e partilham ideias e informações. Este livro só foi possível por causa dessa força colaborativa.

Pessoas que encontrei em determinados momentos de minha vida me inspiraram, me estimularam e trocaram novas perspectivas comigo. Cada uma delas deixou uma semente de reflexão, um estímulo. Algumas partilham seus pensamentos neste livro. Outras, conheci brevemente, e talvez não estejam cientes de sua contribuição para esta obra. Mais de uma década de discussões e reflexões conjuntas deixaram suas marcas em meu pensamento. O propósito deste livro é compartilhar essas experiências, transformadas em sínteses práticas. Ele mostra como trabalhar com a incerteza e integrar os benefícios da Inovação, do Futuro e da Estratégia.

O livro não estaria completo sem a diversidade de pensamento de todos os colaboradores. Eles aceitaram o desafio de compartilhar suas ideias sobre um tema que terá repercussão no futuro, criando novas realidades de futuros. Meu agradecimento mais profundo vai para Aga Szostek, Erica Orange, Érico Fileno, Harry West, Jeffrey Tjendra, José Souza, Luís Gustavo, Malcolm Ryder, Maria Paula Oliveira, Marina Miranda e Norman Wang. Destaco a contribuição especial de Malcolm Ryder e Aga Szostek, por questionarem conceitos, pela redação de ideias, e por estimularam novas perspectivas.

Por fim, sou grato pela dedicação da minha editora na Elsevier, que me apoiou no mundo da incerteza da jornada do meu primeiro livro. Além disso, agradeço a José Antonio Rugeri e André Coutinho, que me ajudaram com os contatos iniciais para este projeto especial.

Não tenho palavras para agradecer o apoio de minha esposa, Eliana, e de minha filha, Olivia, com sua infinita curiosidade para explorar o mundo.

Agradeço profundamente a todos vocês – este é um livro escrito a muitas mãos.

APRESENTAÇÃO

Este é um livro sobre a adaptação, o comprometimento e a incerteza. Também é um livro sobre como reconhecer e desenvolver uma estratégia híbrida que integra a inovação e o futuro. Acima de tudo, no entanto, é um livro sobre a tomada de decisão em meio à incerteza. Tudo está em fluxo constante, gerando extensas implicações para os indivíduos, organizações e sociedades. A instabilidade e novas lógicas estão desafiando os executivos que pedem maneiras novas e mais eficazes para lidar com as mudanças; lógicas que equilibrem as oportunidades futuras com a execução diária da estratégia; e a redução de sua exposição individual e organizacional à incerteza.

A inovação, o *futuring* ou a estratégia não podem atender por conta própria a essa nova necessidade emergente. É necessário fazer a integração e exploração de sinergias benéficas. Quanto mais turbulenta é a nossa época, mais preparados e prontos para agir precisamos estar. Temos de garantir um processo constante que sustente a identificação de novos padrões de valor, mantendo a sustentabilidade organizacional ao longo do tempo.

A preparação e a resiliência, bem como a execução e a eficiência, definem a nova lógica. O futuro trata do gerenciamento da instabilidade, explorando mudanças e aumentando o nível de agilidade.

Este livro explora o plausível e o pragmático, o presente e o futuro. Seu objetivo: a apresentação de um modelo que sustente a preparação de novas lógicas, integrando três disciplinas: Inovação, *Futuring* e Estratégia.

Sem dúvida, nossa sociedade está em constante mudança. Este livro representa, portanto, apenas um momento de equilíbrio no início de sua jornada. Durante o processo de execução, você precisará de um novo material de orientação, informações relevantes e insights constantemente atualizados. É por isso que também criamos um hub online para apoiar sua jornada. Lá, você encontrará novas fontes, insights, dicas práticas, experiências compartilhadas, reflexões e modelos para facilitar seu trabalho do dia a dia. Acesse o QR-Code a seguir ou http://fvg.community.

SOBRE ESTE LIVRO

Este livro é para todos aqueles que trabalham com desafios e buscam novas opções.

Para as pessoas orientadas para o futuro: um governo que deseja criar Policies para os desafios futuros; uma empresa que faz o planejamento para assegurar sua sustentabilidade contínua; um indivíduo que avalia opções de vida no longo prazo. É para todos que querem transformar o fator *tempo* em vantagem competitiva.

O livro é para pessoas que buscam inspirações, executivos que procuram uma lógica orientadora e inovadores que desejam ter novos insights sobre o futuro para o presente.

É para os executivos estrategistas, de negócios inteligentes e de portfólio, que trabalham com agilidade e incerteza crescentes. O livro é para os executivos de recursos humanos, marketing e profissionais de P&D cujo objetivo primordial seja gerar valor sustentável. É para essas pessoas curiosas, que querem mais e desejam se preparar e preparar sua organização para as novas lógicas que estão por vir.

É um livro para as pessoas que amam o futuro e suas possibilidades, mas que estão presas na resolução de problemas de curto prazo. O livro é para pensadores, provocadores, especialistas e todos aqueles que têm a mente aberta para perceber e ver a urgência de agir. É para o tipo de profissional, organização e instituição orientada para o futuro, que se compromete mais com a ideia de planejamento.[1]

---

[1] Adaptado de Daniel Bell (1964, p. 869).

COMO EXPLORAR ESTE LIVRO

Este livro é para uma diversidade de leitores, e existem várias maneiras de lê-lo. Como o tempo é um recurso cada vez mais valioso, temos de usá-lo com sabedoria. Cada um de nós tem suas prioridades, interesses e necessidades. Alguns leitores podem encontrar no livro um conjunto amplo de argumentos para iniciar um processo voltado para o futuro. Outros talvez procurem orientações que facilitem a implementação da estratégia num ambiente de incerteza. Outros ainda podem estar apenas curiosos e querem ler novos insights sobre o futuro.

Compreendemos esse desafio e estruturamos o livro em três partes, que se complementam e que podem ser lidas de maneira independente. Embora você possa lê-lo na ordem em que preferir, a melhor experiência de leitura é seguir o fluxo natural das páginas.

I — A BASE
Na Parte I, começamos com uma introdução rápida sobre o futuro e como ele se conecta com estratégia e inovação.

II — INSIGHTS
Na Parte II, o livro estimula insights e conta com a contribuição de especialistas, provocadores e executivos.

III — A LÓGICA
A Parte III explora o Framework de Valor Futuro na prática e como executá-la para a Geração de Valor Futuro.

Talvez você já tenha folheado o livro e visto símbolos em algumas páginas. Esses símbolos representam uma orientação visual sobre o tipo de informação apresentada. Para os leitores "com foco", as legendas a seguir ajudarão a decidir que partes pular e onde parar a leitura. Os símbolos ajudam a escolher seu ritmo e experiência de leitura. Os seis símbolos orientadores são:

Não importa o caminho que você escolher, aproveite a leitura, faça suas reflexões e seja bem-vindo ao futuro!

SUMÁRIO

PARTE I

A BASE

A BASE 3

    Cada vez mais rápido 3

    Incerteza como normalidade 4

    O futuro 5

    O tempo como vantagem competitiva 7

    Um flashback 7

    O gerenciamento do futuro 9

    Os desafios atuais 11

    Mais agilidade, por favor! 12

    Contexto – espacial e temporal 13

PARTE II

INSIGHTS

INSIGHTS, FORESIGHTS E MUDANÇAS 19

O FUTURO EM UMA ERA DE TEMPLOSION 21

    Templosion no mercado de trabalho e na organização 22

    Templosion do clima 24

    Templosion biológico 24

Templosion dos games 26

Templosion das moedas.. 27

Templosion de atenção.. 27

Templosion do ciclo de vida 28

O FUTURO DO TRABALHO... 32

O desejo de servir 32

À procura de significado no trabalho... 33

Colocando significado no trabalho 34

O desafio do design 35

Outras maneiras de construir o engajamento 36

Encontrando sentido na empresa comercial 37

O futuro do trabalho 38

GERAÇÕES MÚLTIPLAS – O DESAFIO
DE UMA SOCIEDADE UNIFICADA 40

LONGEVIDADE: PRÓXIMOS PASSOS 46

Noções sobre o envelhecimento... 47

Perguntas e respostas 48

Japão: aumento da pobreza e da criminalidade entre idosos 48

Silver Valley francês: a longevidade a serviço
do desenvolvimento econômico.. 49

Portugal: criando soluções para não morrer de velho................. 50

O TRANSUMANISMO, A RAÇA HUMANA E O COSMOS....... 56

O MUNDO DA EMPATIA... 60

OS BELOS NEGÓCIOS DO FUTURO.. 64

O QUE É MEU É NOSSO – *A SHARING ECONOMY*................... 70

PARTE III

A LÓGICA

A IMPORTÂNCIA DO VALOR 79

Experiência, significado e encanto... 81

COMO CONSTRUIR UMA EXPERIÊNCIA POSITIVA POR MEIO DE UMA PROPOSTA DE VALOR SUSTENTÁVEL 84

Momento histórico e presente 84

Integrando diferentes partes da sociedade 90

Tempo 92

FUTUROS DIFERENTES 95

Tipos diferentes de futuros 95

Novos desafios organizacionais 97

APRESENTANDO O FRAMEWORK DE GERAÇÃO DE VALOR FUTURO 100

Os blocos básicos 101

O que o Framework de Valor Futuro entrega? 104

Vamos começar! 104

Comece o diagnóstico 105

O ciclo de decisão – passo a passo 109

PROPOSTA DE VALOR PRESENTE 110

Principais partes de uma proposta de valor 112

Elementos de uma proposta de valor 113

O momento é importante 113

A cápsula de valor 116

Então, o que é uma Proposta de Valor? 118

PORTFÓLIO DE MUDANÇAS 120

A pergunta focal 122

Passo 1: Captar o Futuro Oficial que já existe 123

Passo 2: Identificar os campos macro de interesses 123

Passo 3: Definir a pergunta e suas ramificações 124

Passo 4: Validar 127

As mudanças 128

Como começar? 129

Os dois tipos de variáveis 131

Premissas subjacentes 133

Relevância para os negócios 137

CONTEXTOS FUTUROS 140

Estamos falando sobre cenários?.. 142

Preparação do terreno.. 143

Os players dos contextos futuros.. 144

Os Indivíduos do Futuro 144

Unidades sociais 146

A VISÃO.. 150

O Diamante da Visão.. 152

Uma equipe, uma visão 155

PROPOSTA DE VALOR FUTURO 161

O negócio complicado de ter empatia pelos usuários 164

POLICIES DE VALOR... 172

Definição de uma Policy de Valor... 174

Definição de uma robusta Policy de Valor 176

As três fases da execução das Policies... 178

1. Preparação... 178

2. Shaping... 179

3. A execução rumo à *mastery* 180

PORTFÓLIO DE OPÇÕES... 181

Será que podemos nos dar o luxo de esquecer o que já foi gerado?.... 184

SUPERBLOCOS (*SUPER CHUNKS*)... 187

Tomada de decisão ágil no curto prazo... 187

O processo contínuo de validação... 189

Alinhamento e Validação da Execução.. 190

Alinhamento do Futuro Plausível 191

CONCLUSÃO... 193

O GLOSSÁRIO 197

O HUB ONLINE 199

REFERÊNCIAS.. 201

PARTE I

A BASE

*O futuro pertence às pessoas que veem possibilidades
antes de se tornarem evidentes.*

TED LEVITT
Economista e Professor

A BASE

As pessoas são fascinadas pelo futuro por diversas razões. Algumas cresceram com Dick Tracy, Os Jetsons e Jornada nas Estrelas e percebem o futuro como repleto de possibilidades. Já, para outras pessoas, o futuro é um espaço de escape, no qual criam seu próprio mundo de possibilidades, imaginação e fantasias. No entanto, prever o futuro raramente é o bastante. Colher os potenciais oferecidos pelo futuro significa explorar, influenciar e preparar-se ativamente para novas realidades. Podemos temer o desconhecido e o novo; tentar controlá-los, no entanto, é uma ilusão. Em qualquer lugar onde há incerteza e transformação, também existem oportunidades novas e verdadeiras a serem exploradas por nós. Isso se aplica à nossa realidade atual, de uma sociedade orientada pelo progresso exponencial da tecnologia e pela transformação de valores e crenças fundamentais.

Cada vez mais rápido

Parece que os próximos 30 anos de mudança serão compactados em três. O progresso tecnológico achata as estruturas e muda sua localização, rompendo barreiras. Das empresas da *Fortune* 500 de 1955, 89% não estão na lista em 2014, o ciclo de vida médio de uma competência de negócios caiu de 30 para

5 anos, e nos próximos 10 anos, 40% das empresas que atualmente compõem o S&P 500 deixarão a classificação.[1] As condições mundiais estão mudando constantemente e sempre foi assim. Porém, existem forças disruptivas ganhando impulso, e novas forças estão por vir, cada uma com dimensões e implicações globais, e com a capacidade de transcender fronteiras.

Essas oportunidades de acesso permitirão aos indivíduos disseminar suas ações e ideias, criando novas unidades sociais de influência e competição. O número de usuários de internet irá dobrar, passando de 40%, em 2014, para 97,5% em 2050, fazendo surgir uma nova consciência. Nunca mais adormeceremos novamente. As mudanças se disseminarão com nova velocidade, e a sociedade fluirá entre o mundo digital e o físico. Essas transformações trarão diversos desafios, especialmente para a ordem da sociedade. A homogeneização do "mundo real" e a diversidade cultural virtual[2] irão constantemente recriar realidades e padrões de valor.

Nosso confronto com o desconhecido do amanhã se intensificará. Teremos de encontrar novos mecanismos para absorver e filtrar o que é relevante para nosso contexto. Temos de procurar a resposta nas palavras de Colin Clark, escritor e cineasta britânico: a "condição para se adequar".[3] Esse estado oferece o equilíbrio entre a resiliência[4] e a eficiência, entre a contingência e a agilidade. O futuro chegará, e novos vencedores surgirão. A definição de sucesso está mudando, e as organizações precisam explorar novas fontes de vantagens competitivas com abordagens inéditas. Depende de nós fazermos parte desse sucesso e exercermos a liderança ativa ou reativamente, frente à dúvida crescente.

Incerteza como normalidade

Somos seres humanos, programados para pensar diariamente sobre o amanhã, tentando planejá-lo, visualizá-lo e influenciá-lo com nossas ações. Esse comportamento define o nosso ser. E não estamos sós. Bilhões de pessoas recriam sociedades constantemente, transformando o presente. Com o aumento da percepção sobre a mudança, não causa espanto que nos preocupemos.

---

[1] Salim Ismail (2014).
[2] Peter Ludlow (2010). Localização no Kindle: 196.
[3] Daniel Pell (1964, p. 853).
[4] Segundo Judith Rodin (2014, localização no Kindle: 111), resiliência é a capacidade de preparar-se para interrupções, de recuperar-se de choques e agentes estressores e de adaptar-se e crescer com uma experiência disruptiva.

Milhões de pessoas estão à procura de insights e orientação, pesquisando na internet a palavra "futuro" com muito mais frequência do que a palavra "estratégia".

Mas como podemos lidar com a complexidade e as probabilidades quando sistemas inteiros e valores tradicionais estão em transformação e a tecnologia evolui de forma exponencial?

Talcott Parsons, sociólogo americano, argumenta que as mudanças ocorrem naturalmente e, juntas, criam com frequência um novo estado da realidade, um equilíbrio. Esses padrões estáveis temporais surgem constantemente e, o mais importante, não destroem o estado anterior. Os comportamentos sociais estão em constante criação, e a tecnologia, constantemente, recria a realidade. E 52% dos CEOs compartilham a percepção[5] de que a nossa realidade está em fluxo e de que existe o risco de ficar preso na lógica atual. No entanto, nunca eliminaremos a incerteza. Ela faz parte do indivíduo, da sociedade e da realidade que ainda não se manifestou. Seria uma falácia e uma ação nada prática supor que poderíamos criar um estado de certeza completa. Existem inúmeros fatores à nossa volta que criam os construtos sociais como os percebemos e conhecemos. Talvez nunca chegaremos a compreender todas as possibilidades e todas as mudanças. Não há nada de errado se isso acontecer. Quando reduzimos a incerteza do nosso pensamento em apenas 15% e aumentamos a qualidade e agilidade na tomada de decisões, o desafio vale a pena.

Tanto para a sobrevivência básica como para a evolução, é essencial aceitarmos o passado como elemento que conduz ao presente, nos dedicarmos ao futuro e agirmos no presente. Mais importante ainda, temos de acolher a curiosidade, manter a mente aberta e constantemente analisar as mudanças e suas implicações. Dr. Randal Koene, neurocientista e neuroengenheiro, afirma: "O que somos depende do que é processado em nossa mente. Se algo não for processado, pode muito bem não existir no nosso ponto de vista."[6] Podemos realmente nos dar o luxo de não mais enxergar a realidade?

O futuro

Sou curioso e eu diria que nossa infinita curiosidade sobre o futuro faz parte da natureza humana. É verdade que se trata de uma obsessão. Perdemos

---
[5] PWC (2014, p. 26), 17th Annual Global CEO Survey.
[6] Dr. Randal Koene (EUA), 13 de outubro, Lecture 2045.

nossas referências devido ao fluxo interminável de informações. Nossa curiosidade nos alerta sobre o novo, deixando-nos muitas vezes confusos com a velocidade da transformação e suas crescentes implicações. Mesmo os valores, o núcleo da cultura[7] que consideramos imutável, transformam-se em novos caminhos surpreendentes. É natural sentir o "choque do futuro",[8] o confronto de uma sociedade em transformação em um período cada vez mais curto. Sentimos um choque semelhante antes, quando nossa sociedade viajou pela primeira vez para culturas distantes e desconhecidas e encontrou lógicas sem sentido. Sentimos o choque cultural, e ele perdurou até que procuramos entender as lógicas subjacentes da sociedade, suas partes e seu raciocínio. Trabalhar com o futuro não é muito diferente disso. Não podemos ignorar que o amanhã será diferente; tampouco supor que não haverá implicações. Além disso, não podemos ignorar que nossa capacidade de adaptação tenha seus limites, mesmo que seja possível treiná-los e ultrapassá-los. Por fim, não podemos ignorar que estimular nossa capacidade e compreensão depende de nossas ações. O futuro sempre chega e traz consigo novos riscos e oportunidades. É inútil sentir-se paralisado no presente.

É evidente que não se pode estudar as realidades do futuro como um todo, uma vez que é praticamente impossível explorar todas as variáveis em um ambiente dinâmico. O que podemos fazer, no entanto, é estudar as mudanças e seus caminhos, conexões e possíveis implicações. Devemos imaginar, inventar, implementar, avaliar continuamente, revisar e reprojetar[9] essas novas realidades em formação, garantindo sua validação e conexão com o presente.

Cabe a nós decidir se iremos influenciar e se seremos parte ativa desses possíveis e plausíveis futuros. No entanto, o futuro é mais que a representação de um único "futuro". Ele define-se pela pluralidade de realidades, de "futuros".[10]

Como indivíduos, organizações e membros da sociedade, precisamos compreender o papel que desejamos desempenhar. As realidades do amanhã podem ser um conjunto de inspirações para entender os novos padrões e riscos, ou até mesmo um refúgio para o indivíduo imaginar utopias e fantasiar. É, no entanto, a perspectiva mais pragmática que irá gerar valor para as organizações, e este será o tema que exploraremos juntos neste livro.

---

[7] Talcott Parsons (1902-1979).
[8] Alvin Toffler (1970).
[9] Jim Dator (2005, p. xix).
[10] "Futuro" representa a perspectiva temporal; "futuros" define o espaço de possibilidade.

O tempo como vantagem competitiva

O tempo em si é uma fonte de competição, e o *Futuring* é uma maneira de explorá-lo. É uma arma secreta para a vantagem competitiva organizacional,[11] aplicada desde as teorias de eficiência para gestão de carteiras até os ciclos de produtos. O tempo sempre é fundamental na redução, otimização e alinhamento das diversas realidades.

A boa notícia é que a importância do "fator tempo" irá aumentar. Para atuar em uma sociedade fluida, precisamos estar constantemente prontos e ter opções à disposição quando precisarmos. Se as organizações só agirem quando a crise se anunciar, o custo das alternativas explodirá, a eficiência produtiva será afetada, o estresse se acumulará na cultura organizacional e haverá apenas um objetivo em mente: encontrar uma solução rápida e adequada.

O tempo como fator para a criação de resiliência e agilidade abrange o potencial para a competitividade organizacional. Quando usamos o tempo a nosso favor, nos preparamos para as possibilidades, elevamos a qualidade das decisões tomadas, ganhamos mais tempo para nos prepararmos e podemos até mesmo identificar novas possibilidades ainda não exploradas. Ao fazerem isso, as organizações vão além da resolução de problemas. Elas entram em uma nova realidade competitiva que trata da Geração de Valor Futuro. As organizações do futuro definem-se por sua capacidade de se conectar e criar sinergias entre o presente e o futuro e de equilibrar seus desejos internos com a sociedade em fluxo.

O *Futuring* trata essencialmente sobre o tempo, o passado, o presente e o futuro. Nascemos no passado e morreremos no futuro. Até que esse momento chegue, influenciaremos a realidade com nossa presença. A incerteza é parte da lógica, e ignorar sua existência é uma falácia. A oportunidade está entre a segurança e o caos, e o objetivo de um processo de *futuring* é explorar o que Max McKeown chama de "espaço de oportunidade", que pode ser gerenciado e alcançado. A combinação de inovação, *futuring* e estratégia permite que as organizações aumentem suas chances de estar no lado vencedor.

Um flashback

O futuro faz parte da humanidade desde sua origem, e sua história é um jogo interessante de chegadas e sobrevivências. O desejo de conhecer o desconhe-

---
[11] George Stalk (1990). Localização no Kindle: 419-420.

cido nos levou, nos últimos 3.400 anos, de Pítia, famoso Oráculo de Delfos, aos programas acadêmicos atuais de doutorado em Foresight, redes acadêmicas e grupos de profissionais do mundo. Diferentemente do que ocorria no passado, nenhum futurista sério hoje alega ter a capacidade de profetizar. Até chegarmos a esse ponto, centenas de anos se passaram.

Depois de uma longa guerra, que levou a sociedade a uma reestruturação de valores e fronteiras de países, Madden Samuels publicou o livro *Reign of George VI*, em 1763. Foi o nascimento de uma nova maneira de perceber o desconhecido, a ficção especulativa.[12] Esse primeiro foresight estruturado introduziu uma nova maneira de pensar, imaginando as circunstâncias alternativas da humanidade. Com a publicação do livro, o autor deu início a uma nova área de "observadores profissionais do horizonte",[13] no qual ele determina que o futuro é e será diferente do presente e não será fruto de adivinhação nem uma profecia questionável.

Assim como a visão tecnológica de Roger Bacon (1260)[14] ou as "viagens imaginárias"[15] de St. Thomas More (1516), Madden foi arrebatado pelo futuro. Em contraste com os outros autores, seu trabalho vinculava as novas realidades com o presente, levando a exploração do progresso além de meras aspirações utópicas. As reflexões sobre o futuro vêm fascinando muitos autores desde então, desde Karl Marx e Friedrich Engels a Júlio Verne e H. G. Wells. Todos compartilharam seus pensamentos sobre o possível e o imaginário.

A ficção científica ganhou espaço na cultura popular na década de 1950, e, graças a futuristas como Alvin Toffler e Daniel Bell, a exploração do desconhecido popularizou-se. Surgiram inspirações, e novas formas de entretenimento vieram à tona. Mas o pensar o futuro ainda estava bem distante do homem de negócios comum. Herman Kahn, estrategista militar e teórico de sistemas, preencheu a lacuna e transformou a exploração do futuro em um processo lógico. Ele apresentou o conceito de cenários, o elo que faltava para unir o planejamento e o pensamento sobre o futuro.[16] Desde então, foi declarado "o pai" dessa nova forma. Na opinião dele, a exploração do futuro

---

[12] O primeiro livro foi *Memoirs of the Twentieth Century*. O autor, no entanto, destruiu a maioria das cópias, e o livro acabou não tendo grande influência no Futures Thinking.
[13] I. F. Clarke (1979, p. 2).
[14] Roger Bacon, monge medieval que registrou sua crença sobre o futuro em uma obra chamada *Epicola de Secretis Operibus*. Suas visões sobre máquinas que dirigem, remam e voam sem ajuda de tração são bastante interessantes.
[15] I. F. Clarke (1979, p. 4).
[16] Lindgren e Bandhold (2003).

não consiste em uma extrapolação estática do presente, nem em uma visão, mas em uma discussão sobre possíveis alternativas.

Essa compreensão sobre as possibilidades, porém, não foi simples nem proposta como projeto; apresentou-se, sim, como um processo com extensa pesquisa. As organizações sentiram certa dificuldade durante a execução de um método tão complexo e o simplificaram. Elas ajustaram o planejamento de cenários para a sua mentalidade atual, reduzindo a sociedade a uma fotografia. Essa fotografia era estática e, essencialmente, um espelho do presente, linear e incremental, determinado pelo pensamento sequencial.[17] Quando ocorreu a crise do petróleo na década de 1970, muitas das organizações que declaravam ter visão de futuro não estavam preparadas o suficiente para uma mudança tão abrupta. A mudança trouxe a frustração e o fim do "modismo" de explorar o futuro.

O gerenciamento do futuro

A sociedade passou por profundas transformações na década de 1960. Foi a época das subculturas, emancipação, desintegração, emoção, progresso tecnológico e, principalmente, do fim das limitações. Embora a década seja chamada por vários nomes, como os "anos dourados", os "anos de chumbo",[18] a "década dos estudantes", o período representou anos de incertezas, de todas as formas.

Essas dúvidas crescentes desafiaram as organizações da época. Ao tentar lidar com esse novo cenário, elas começaram a institucionalizar um Planejamento Estratégico rígido e a intensificar pesquisas futuras. Foi uma tentativa de criar uma estrutura, uma trajetória controlável, planejável e previsível em um ambiente instável e complexo. As forças desse movimento foram a intervenção e a vontade de construir o futuro voltado para a ordem.

Consequentemente, os planejadores ganharam status nas organizações. Foram criados departamentos de orçamento e definidos valores, símbolos e a missão da organização. Seu objetivo era simples – criar um ambiente gerenciável. Isso marcou o início da disciplina de Planejamento Estratégico e Gestão Estratégica. Mas nem sempre foi assim. O planejamento era inicialmente predominante em muitas organizações por causa das crescentes incertezas na sociedade. Seu objetivo era estabelecer um caminho em direção ao

---

[17] Salim Ismail (2014). Localização no Kindle: 487.
[18] *Anni di piombo* foi um período de tumultos sócio-políticos na Itália, entre as décadas de 1960 e 1980.

norte, com todos os fundamentos e as decisões a serem tomadas para chegar lá. Ele representava um processo de definição de prioridades, alinhamento e consenso sobre os objetivos e ajuste às novas realidades externas.

O Planejamento Estratégico foi essencialmente abandonado na década de 1980 pelas faculdades de Administração.[19] Originalmente criado para ser um processo rígido de controlar, planejar e prever, ele já não podia mais atender aos propósitos em um ambiente de incerteza crescente. Face às mudanças ocorridas nos anos 1960, 1970 e 1980, os planos estratégicos foram invalidados pelos choques socioeconômicos[20] causados pela Guerra do Vietnã, a crise árabe do petróleo, os movimentos feminista e dos Direitos Civis Afro-Americanos e o crash da Bolsa de Valores em 1987.

A inflexibilidade do Planejamento Estratégico e a simplificação em direção à mentalidade do momento levaram à descrença e à insatisfação crescentes na comunidade executiva. Quando Mintzberg declarou que a execução do Planejamento Estratégico era mais uma Programação Estratégica, com uma visão estreita, adotando estratégias do passado ou copiadas de outras empresas, ele contribuiu para o burburinho da mídia, que acabou com o interesse acadêmico pela disciplina. Mintzberg apresentou um novo termo, Pensamento Estratégico,[21] que, em sua opinião, compensava a perspectiva ausente definida pelo julgamento crítico e intuição. Entretanto, ele estava 30 anos à frente de seu tempo.

A Gestão Estratégica substituiu o Planejamento Estratégico e ganhou terreno com Michael Porter, nos anos 1980 e 1990. Seu objetivo era administrar e alocar recursos para criar e explorar uma vantagem competitiva. Com a implantação dessa nova disciplina, as organizações se distanciaram ainda mais do Planejamento Estratégico e trocaram a abordagem centrada em objetivos incertos pela gestão dos recursos mensuráveis, priorizando inicialmente o planejamento de orçamento ou de custos. A Gestão Estratégica disseminou-se rapidamente pelas organizações e pelo mundo acadêmico. Com ela, aumentou o abismo entre os que defendem as práticas e os que defendem as teorias. Os primeiros pedem um conjunto de ferramentas com melhoria contínua, enquanto os que defendem as teorias provam, por meio de pesquisas empíricas, as implicações da vantagem competitiva. O mundo acadêmico, por consequência, teve cada vez mais dificuldades para evidenciar esses fatos com a mesma velocidade pedida, o que levou a um período

---

[19] Curtis Roney (2010).
[20] Walter Keichel (1982, 1989).
[21] Henry Mintzberg (1994, p. 107).

de grandes desafios para a Gestão Estratégica.[22] Essa lacuna aumentou nos últimos anos devido à crescente incerteza e à velocidade das mudanças na sociedade.

A diversidade deixou de ser vista como inimiga da ordem e passou a ser considerada um universo de novas oportunidades. Com esse pensamento, surgiu um processo mais complexo e mais centrado no ser humano.

Os desafios atuais

Nossa realidade se define por indivíduos que nunca deixarão de lutar pela mudança, nem de sonhar com o possível e o impossível.[23] Atualmente, a variedade está aumentando em ritmo exponencial, acelerando, mais uma vez, profundas transformações nas estruturas da sociedade. Surgem novas instituições e redes, novos consumidores estão conectados e novos concorrentes se manifestam. Os hábitos, valores e crenças das pessoas são cada vez mais momentâneos, válidos para situações específicas. O *Zeitgeist* (espírito da época), o código e o sistema operacional[24] da sociedade são reprogramados constantemente. Novos concorrentes, lógicas e oportunidades originam-se cada vez mais a partir do panorama mais amplo, além da nossa visão tradicional. Casos como Airbnb, os carros do Google que dirigem sozinhos, Uber e Theranos são alguns entre inúmeros exemplos que surgiram nos últimos anos. Cada um deles ilustra com perfeição que as mudanças acontecem em todos os lugares. As futuras regras da concorrência não terão fronteiras; lógicas que evoluíram separadamente irão interagir com o tempo em novos contextos.

Mais uma vez, as organizações precisam alinhar sua velocidade de adaptabilidade às mudanças externas. *The Falling and Rise of Strategic Planning*,[25] de Mintzberg, escrito em 1994, permanece atual. Ele afirmou que a gestão precisa deixar de procurar a resposta certa e explorar um entendimento mais profundo do sistema mais complexo. Vivemos em uma época em que despontam oportunidades e surgem novos caminhos. Somos constantemente confrontados com o desafio da implementação, cada vez mais se transformando em processos híbridos, fluidos e ágeis, que incorporam inteligência

---

[22] Curtis Roney (2010).
[23] C. Clarke entende que os futuristas devem explorar o que ainda é percebido como impossível, como mágica.
[24] Daniel Bell (1964, p. 855).
[25] Henry Mintzberg (1994).

antecipatória. Nem simples nem complicado, nem apenas a soma de suas partes ou da imaginação; o futuro é complexo. Ele representa a interconexão das sociedades e dos indivíduos com toda a sua riqueza e seus riscos. Flexibilidade, agilidade e adaptabilidade são conceitos que as organizações estão incorporando para lidar com a volatilidade.

Mais agilidade, por favor!

Os executivos de hoje pedem ferramentas para gerenciar o ciclo mais curto de estabilidade, com nova diversidade, agilidade e execução. É nesse momento em que o *futuring* prático entra em cena. Ele compensa a confiança perdida no Planejamento Estratégico, substituindo-o por um norte estratégico válido e conectando-se fluentemente com a Gestão Estratégica. Essa combinação de execução e coerência do plausível é fundamental. Sem a execução, permanecemos no mundo das possibilidades e criamos "um negócio instável".[26] Sem monetizar as possibilidades exploradas, o financiamento extra para a exploração futura não está garantido. Por outro lado, não é sustentável se ater a uma única estratégia e execução. Isso "eliminaria possibilidades e opções"[27] para a sobrevivência em meio à incerteza crescente. A realidade é muito mais recalcitrante que a imaginação.[28] Não podemos mais "imobilizar o mundo enquanto o plano é desenvolvido e permanecer no caminho previsto enquanto esse plano está sendo implementado".[29] Esse procedimento não atende às necessidades da organização de hoje quanto à tomada de decisão e à execução.

O *Futuring* Organizacional abrange tempo, agilidade e integração. Ele sustenta o ganho do tempo de ciclo e tempo de resposta e a criação de uma base melhor para tomar decisões mais precisas. Seu objetivo é, portanto, reduzir nossas incógnitas para os tópicos relevantes na pesquisa, começando e terminando no presente. Independentemente de olharmos para a sociedade, os indivíduos ou as organizações, trabalhar com o futuro requer aumentar o seu nível de prontidão.

---

[26] Roger Martin (2009). Localização no Kindle: 212.
[27] Roger Martin (2014, p. 1).
[28] Daniel Beel (1964, p. 852).
[29] Henry Mintzberg (1998, p. 110).

Contexto – espacial e temporal

A geração de valor novo só é possível se tivermos a vontade de ver e experimentar as coisas de forma diferente. A sociedade é complexa, composta por sistemas fluidos com diversos elementos, com muitas soluções e oportunidades. Identificamos novas lógicas não por aceitar o óbvio, mas por questioná-lo. Usando as palavras de Friedrich von Hardenberg,[30] "o objetivo é transformar o conhecido em algo estranho, e o estranho em algo conhecido". Para nos conectarmos com tais incógnitas, precisamos expressar uma visão menos parcial, questionar de forma crítica e investigar com mais profundidade. Em muitos projetos e sessões de treinamento, apresentamos exercícios para estimular o pensamento crítico e criativo, com o objetivo de entender mais contextos da sociedade e identificar nossos vícios. Temos de treinar nossa capacidade de perceber as coisas diferentes pela intuição e pesquisá-las pela lógica. A combinação dessas duas capacidades é o que nos permite compreender as sociedades, desejos e valores de novas maneiras.

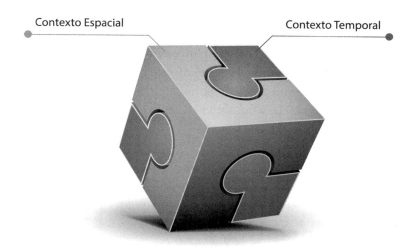

Contexto Espacial — Contexto Temporal

O Texas era uma das áreas mais violentas do Velho Oeste, o período definido pelo cultivo do país e cultura existente de acordo com as normas desejadas. No entanto, não era tão violento como muitos acreditam. Bill O'Nail, historiador, pesquisou 160 tiroteios documentados[31] durante a "era dos pistoleiros", e os resultados

---
[30] Novalis (1772-1801), aka Friedrich von Hardenberg.
[31] Bill O'Neal (1979, p.10).

por ele apresentados são diferentes do que Hollywood nos conta. Em 1880, a população do Texas era de aproximadamente 1,6 milhão, e o estado tinha um dos índices mais altos de duelos documentados, com 12 tiroteios em apenas um ano,³² ou um por mês. O mais interessante era que o número de ocorrências de situações de violência era menor, mas também que as vítimas fatais eram poucas. O principal desafio, ao contrário do que muitos filmes de Hollywood mostram, era alvejar o adversário em qualquer lugar. Também era um desafio, pois muitos tiroteios ocorriam após uma visita ao "saloon". As habilidades dos pistoleiros de atingir garrafas ou moedas lançadas no ar eram praticamente inexistentes. A principal consideração, portanto, não era a velocidade, mas a precisão.³³

Quem controla as informações do passado e do presente também controla a percepção do presente.³⁴ Durante o processo de exploração, desvendamos e questionamos várias verdades em que acreditamos. Mesmo assim, não podemos supor que as pessoas, de forma geral, estejam interessadas em questionar suas crenças ou mesmo querer entender seus vícios. Para o trabalho prático do futuro, temos, portanto, de atender a ambas as partes. Temos de equilibrar a coerência com a lógica, sem perder a conexão com as crenças das pessoas no presente. O objetivo não é convencer a sociedade, mas entender quais são as barreiras e valores existentes e integrá-los à proposta de valor organizacional. Somente se essa ligação afetiva com as pessoas no presente for possível é que clientes e funcionários poderão se ver participando das novas realidades futuras. Isso significa não negligenciar a coerência da lógica, mas criar um equilíbrio aceitável.

Em muitas de nossas aulas do curso de MBA, os participantes imaginam e exploram as coisas das quais sentiriam falta no futuro. Mesmo os alunos na faixa dos 20 anos sentem nostalgia sobre "como era bom antigamente". Quando ouvimos as histórias deles, podemos perceber as preocupações com o aumento dos preços, como os relacionamentos estão mais difíceis e distantes e como muitos se ressentem de que seus filhos não podem mais "brincar tranquilamente na rua".

Quando exploramos como seria a casa do futuro em um de nossos projetos, tivemos de integrar a percepção vinculada de "brincar na rua". Estabe-

---
³² 12 tiroteios em 1877.
³³ Bill O'Neal, (1979, p. 3).
³⁴ Adaptado da obra de George Orwell: *1984* (São Paulo, Companhia das Letras, 2009).

lecemos uma conexão afetiva com os desejos do presente. Mesmo que isso não seja totalmente coerente com a lógica do futuro, o equilíbrio entre o desejado e o plausível é a chave para o sucesso do *Futuring* Organizacional. Sem essa conexão emocional, as realidades criadas parecem, com frequência, demasiado improváveis, e sua lógica não é compreensível.

Trabalhar com o plausível significa entender o modelo mental da pessoa com quem desejamos nos conectar e, certamente, o nosso modelo mental. Kenneth Craik, notável psicólogo e fisiologista escocês, descreveu esse modelo como um "modelo da realidade externa em pequena escala", que representa uma maneira predefinida e simplificada de tomada de decisão e que nos permite reagir a novas situações semelhantes antes que elas surjam.[35] Criamos sinapses, formas de pensar e categorizações predefinidas; um mundo de vícios. Como ocorre em qualquer processo de incerteza e de tomada de decisão, é fundamental que se crie uma percepção consciente das nossos vícios e dos vícios à nossa volta.

As organizações não são diferentes. Elas representam um grande mix de perspectivas alinhadas por forças estratégicas, culturais e políticas. É natural que existam restrições, que as barreiras restrinjam a ação e que surjam conflitos. A identificação dos vícios é um dos principais desafios durante um projeto prático, uma vez que influenciam a tomada de decisão. Uma maneira natural de reduzir essas percepções parciais da realidade é integrar a colaboração ao processo.

Em projetos nos quais tivemos de identificar os fatores subjacentes, exploramos novas fontes de inspiração. Selecionamos alguns contextos alternativos que não fazem parte de nossas atividades diárias e que tinham um potencial enorme para gerar novos insights. Jantamos com monges, compreendemos a fragilidade do sistema penitenciário, exploramos as formas de felicidade em pacientes portadores de esquizofrenia, visitamos conferências de alta tecnologia e compreendemos a exclusão social das pessoas que vivem nas ruas. Aliadas a outras iniciativas colaborativas, como a opinião de especialistas e workshops, essas experiências nos ajudaram a gerar uma nova percepção espacial dos construtos sociais atuais. O mais importante é que as experiências tornaram visíveis alguns de nossos vícios.

Trabalhar com o contexto significa pesquisar a física social.[36] O sistema é muito mais amplo, influenciado por diferentes percepções de valor, formado

---

[35] Kenneth Craik (1943, Cap. 5, p. 61u).
[36] Adolphe Quetelet (1796-1874).

por indivíduos e unidades sociais. São esses os componentes que, entrelaçados com a tecnologia, definem as futuras realidades.

Com essa reflexão sobre vícios e mentalidade aberta, agora convido você para a Parte II, em que um grupo especial de pensadores compartilha suas experiências. Fique à vontade para ler a Parte II no seu ritmo, e fazer suas reflexões e anotações. Você pode concordar com algumas reflexões e achar outras muito improváveis. É justamente o processo de autorreflexão e criação de insights a partir das percepções que torna as páginas seguintes tão valiosas.

Aproveite!

PARTE II

INSIGHTS

INSIGHTS, FORESIGHTS E MUDANÇAS

Bem-vindo à segunda parte do livro. Ela é dedicada à sociedade em constante e profunda transformação e compartilha algumas ideias sobre as mudanças. Nós, como indivíduos, e a sociedade, com todas as suas estruturas, somos confrontados com uma velocidade que transcende limites conhecidos. Com a tecnologia, mudanças exponenciais e a criação de novos valores, surgem novas estruturas que alteram ecossistemas inteiros.

Em junho de 2014, fui a um seminário com dois dias de duração em San Francisco, sobre o Futuro da Longevidade. Como eu já havia começado a escrever este livro, preferi me hospedar em um lugar mais silencioso, afastado da cidade. Decidi ir para um Airbnb em Half Moon Bay. Dirigindo meu automóvel alugado, passei por Pacifica, uma pequena cidade bastante agradável, com uma excelente vista das falésias e do mar. O lugar merecia uma parada para apreciar a vista por alguns minutos. Eu quis tirar uma foto e me lembrei de que o celular estava no carro. Voltei para pegá-lo. Para minha surpresa, uma policial com sessenta e tantos anos estava ao lado do veículo, escrevendo uma multa. Argumentei que eu havia me afastado por apenas dois minutos, mas ela respondeu espirituosamente que só precisava de 30 segundos para preencher o formulário.

Mais tarde, naquela noite, contei a história para a minha anfitriã do Airbnb, e ela disse que Pacifica está ganhando rios de dinheiro com sua rígida política de estacionamento. Fiquei imaginando o que irá acontecer com o emprego dos policiais e como a cidade se posicionará frente a realidades futuras, especialmente em um cenário com uma grande profusão de carros que dirigem sozinhos. Fehr & Peers preveem que 25% de todo o tráfego será composto por veículos autônomos[1] em 2030, e por 50% deles em 2040. Esse avanço irá

---

[1] O nível 3 representa os automóveis totalmente autônomos, com a possibilidade de o humano assumir o controle em caso de emergência.

recriar a realidade da mobilidade, segurança, lazer e muitas outras dimensões da nossa sociedade. E isso parece representar uma grande oportunidade. No entanto, também tem o potencial de desafiar milhares de pequenas cidades como Pacifica, uma vez que o excesso de velocidade, estacionamento em local proibido e outras infrações semelhantes farão parte da história.

Cada mudança traz diversas implicações positivas e negativas, e trabalhar com o futuro pede uma mente aberta e a exploração de possibilidades em um escopo mais amplo.

Nas próximas páginas, apresentarei profissionais, especialistas e provocadores singulares da Austrália, Áustria, Brasil, Canadá, Nova Zelândia, Estados Unidos e Polônia. O livro não seria possível sem a contribuição deles, e sou grato por sua participação.

O objetivo da segunda parte é estimular seu pensamento. Como este livro integra a estratégia ao futuro, os colaboradores irão explorar com mais ênfase as realidades de curto prazo, com seus desafios para as empresas e a transferência de valor. Existem centenas de mudanças que valem a pena ser exploradas. Portanto, as páginas seguintes representam apenas um ponto de partida para uma exploração mais ampla, disponível em www.fvg.community.

Nesta seção, vamos explorar o tempo como vantagem competitiva e condutor de mudanças, com as reflexões de Erica Orange sobre *Templosion*. Harry West vem a seguir, com suas ideias sobre o significado das carreiras, e estimula o pensamento sobre o futuro do trabalho. Para ilustrar as variáveis e sua conexão entre o indivíduo e a organização, o próximo colaborador, José Souza, salienta o One World, que ganha cada vez mais espaço e no qual diversas gerações trabalham e colaboram juntas. Com taxas de crescimento na casa dos três dígitos, Antônio Nogueira Leitão explora os atuais desafios do envelhecimento, seguido por uma inspiração sobre Transumanismo feita por Luís Gustavo. Por compreender a importância de se conectar com as diferentes partes da sociedade, Norman Wang compartilha sua prática e experiências vencedoras sobre o uso da Realidade Virtual para criar um nível completamente novo de empatia. Jeffrey Tjendra vem a seguir, com a importância dos *Beautiful Businesses*, design e experiências. A seção é concluída por Maria Paula Oliveira, que vive na Crowd Economy e compartilhará suas experiências sobre colaboração.

O tempo é uma ilusão.

Albert Einstein
Físico teórico e filósofo da ciência

O FUTURO EM UMA ERA DE TEMPLOSION

Erica Orange
Vice-Presidente, Weiner, Edrich, Brown, Inc.

Se eu lhe perguntasse que recurso em sua vida é escasso, mas tem alta demanda, o que você responderia? Tempo? Para muitos, o tempo provavelmente será a resposta número 1. Isso ocorre porque o tempo é algo que todos valorizam, que buscamos maximizar; algo que desejamos prolongar. Mas também é algo que estamos aprendendo a alavancar.

Nos limites da física quântica e da física teórica, há aqueles que acreditam ter descoberto evidências de diversos universos, universos anteriores, bem como a deformação de ondas e planos que se dobram, se desafiam, se revertem, se reinventam e reimaginam o tempo. Essas fronteiras da descoberta são emocionantes, poderosas, em grande parte desconhecidas e com o potencial de redefinir tudo o que acreditamos saber sobre o universo, energia, e o contínuo tempo/espaço. Mas aqui na Terra, no curto prazo, o tempo está mostrando ser capaz de não só se acelerar, mas de nos arrebatar com ele em um ritmo de tirar o fôlego. Tudo está começando a se acelerar. Tudo acontece cada vez mais rápido, em uma taxa exponencial, em vez de geométrica. Esse é um mundo de Templosion – ou, conforme já mencionado, a implosão de tudo no tempo comprimido.

Embora a dimensão do espaço vá reger grande parte da inovação e aplicação de produtos e serviços do futuro, ela é a junção entre o tempo e o espaço que se tornará uma das áreas de maior impacto e importância desse crescimento. O tempo/espaço pode ser definido como todos os esforços que visam comprimir, alterar, ampliar ou erradicar o tempo real, no espaço real ou virtual. Esse espaço pode ser o corpo humano, a comunidade, qualquer lugar que possamos visitar ou escolher para trabalhar, um armazém – qualquer lugar físico ou imaginado. Também estamos vendo o tempo passar de algo que já foi linear e sequencial para algo que agora tem multicamadas e é simultâneo. Por exemplo, a ideia de que há etapas definitivas de começo, meio e fim para a vida de um indivíduo está mudando. As pessoas agora estão mais propensas que nunca a abandonar o trabalho e voltar a estudar ou a se aposentar e seguir uma nova carreira. Também já não há mais planos de carreira em empresas ou indústrias.

A mudança tecnológica está na essência do Templosion. A tecnologia está se acelerando exponencialmente, à medida que cada tecnologia se baseia em outras tecnologias para criar novas formas de coletar e extrair informações, acumular dados financeiros, mudar a natureza do trabalho, conectar pessoas, estabelecer interconexões globais e tomar decisões instantâneas. Segurança, privacidade, integridade, confiabilidade, capacidade de armazenamento e capacidade de resposta serão cada vez mais colocados à prova, à medida que as profissões procuram entender as muitas maneiras que sistemas móveis, descentralizados e inteligentes mudarão o trabalho feito, o local onde é feito, como é feito e para quem é feito. A realidade virtual – que engana o cérebro e o faz acreditar que está em outro lugar, fazendo outra coisa, em tempo real – também está mudando a nossa noção de tempo.

Estamos começando a aprender mais sobre como manipular o tempo e como aplicar esse conhecimento a todos os tipos de existência, empreendimento ou atividade. O foco crescente no tempo como uma proposição de valor agregado terá efeitos sociais de amplo alcance.

Templosion no mercado de trabalho e na organização

No mercado de trabalho, as pessoas querem não só acelerar suas carreiras, mas vêm tentando encontrar atalhos para tudo, desde as reuniões até a reengenharia de trabalhos complexos, que levam muito tempo para aprenderem e dominarem, desmembrando-os em tarefas simplificadas e menores.

É fato que estamos vendo uma mudança de foco dos tangíveis para o tempo. Isso, sem dúvida, mudará a natureza das expectativas. A velocidade e o *multitasking* ganharão enorme importância e irão alterar o talento de recursos humanos de que muitas organizações precisam para sobreviver e prosperar. Ter as informações adequadas para a tomada de decisão será ponderado com um fator de tempo; não será a quantidade de informações, mas também as eficiências de tempo. Armazenamento, estoques, transporte e oferta de ponto de venda serão desafiados a considerar o tempo uma variável cada vez mais importante nas equações de produtividade e lucratividade. Eles serão profundamente afetados por conceitos inovadores que surgirão continuamente, com o propósito de alavancar o tempo.

VirFlex

O conceito de VirFlex refere-se ao trabalho virtual misturado com horários flexíveis e é usado para descrever cada vez mais a realidade dos funcionários. Quer seja adotado por empresas que desejam ficar mais enxutas ou aproveitado por autônomos ou funcionários que trabalham em casa, o esquema de trabalho VirFlex pode se tornar menos a exceção e mais a regra. Os edifícios de escritórios virtuais estão começando a ganhar espaço. São prédios em que os funcionários não têm seu próprio escritório, mas dividem o espaço com outras pessoas quando comparecem para trabalhar. Todas essas novas configurações, que caminham em direção ao gerenciamento dos *produtos* do trabalho, em vez das métricas de insumo tradicionais de tempo e local, trazem urgência para os novos sistemas de definição de metas, expectativas, subordinação e prestação de contas.

Mudanças nos ciclos de planejamento estratégico

O planejamento estratégico é normalmente consolidado sob uma unidade/ pessoa. Às vezes, é dividido em planejamento de curto prazo e de longo prazo. Nenhuma das duas práticas será relevante à medida que avançamos rumo ao Templosion. Os períodos fazem mais sentido quando divididos em blocos de 6 meses, 1 ano, 3 anos, 5 anos, 10 anos e 20 anos ou mais. As habilidades necessárias são diferentes para um planejamento de 6 meses e para um de 10 anos, em todos os aspectos, como financeiro, de talentos e de criatividade. E nenhuma organização faz uma boa escolha quando tenta atribuir uma prioridade mais baixa ao planejamento de longo prazo, porque esse intervalo de tempo pode chegar muito antes do que se pensava inicialmente.

Templosion do clima

As alterações climáticas provocarão danos cada vez mais abrangentes em intervalos menores, deixando enormes problemas financeiros e humanos em seu rastro. Em muito menos tempo do que o necessário para lidar com os efeitos de um episódio, outro irá ocorrer.

Templosion biológico

O corpo humano passará por alterações significativas, acionadas por novas noções de tempo, e os produtos e serviços que forem ao encontro dessas necessidades e as atenderem serão beneficiados. Por exemplo, o número de pessoas que sofrem de insônia pode obrigar as emissoras de televisão a reinventar a grade de programação da madrugada. Até mesmo questões como o início precoce da puberdade têm amplas ramificações, afetando tudo, desde os sistemas de ensino até a religião. E os filhos adultos de pais idosos serão tranquilizados pelos avanços na tecnologia de monitoramento e na medicina, que desafiam as tradicionais restrições de tempo e espaço.

Além disso, grandes tecnologias disruptivas, aliadas a avanços significativos da ciência, estão mudando e alterando a compreensão da nossa própria biologia. Estamos processando o "big data", aproveitando as vantagens das redes sociais, contando com sofisticadas ferramentas de diagnóstico médico, usando aplicativos móveis de saúde, possibilitando o mapeamento em tempo real de epidemias, fazendo o sequenciamento do código genético e o mapeamento do cérebro humano, aprendendo mais sobre a complexa interação entre nossos sentidos, descobrindo os meandros da mente e por aí afora. A essência da identidade humana está, cada vez mais, nas mãos de uma nova geração. Novos materiais, ferramentas e técnicas intrigantes de automação prometem possibilidades incríveis. Estamos entrando em um futuro no qual a nossa biologia está se tornando montada, fabricada, definida e cada vez mais diferenciada por nós mesmos.

A ascensão contínua da impressão 3D e a possível ascensão da impressão 4D

Temos visto inúmeros exemplos recentes de como a impressão 3D tem o potencial de mudar fundamentalmente a abordagem da economia com relação à fabricação. Ela não se limita a reduzir o tempo entre a geração de ideias e a montagem do protótipo, mas o tempo necessário para construir as impressoras também está diminuindo. Sem dúvida, conforme as técnicas de impressão 3D são aprimoradas a passos largos, elas podem trazer inegáveis alterações em quase todos os setores. E, quando combinadas com os avanços na tecnologia de novos materiais, as aplicações na biologia humana são infinitas. Isso está levando ao crescimento de inovações potencialmente revolucionárias na área de saúde. Por exemplo, os cientistas usaram uma impressora 3D personalizada para criar tecido sintético que imita as propriedades de tecidos vivos. Utilizando água e óleo, a equipe criou uma rede de gotículas "programáveis" capaz de replicar alguns comportamentos de tecidos vivos. No futuro, o tecido sintético não só poderá substituir os tecidos danificados ou ausentes em seres vivos, mas também poderá ajudar a fornecer medicamentos para áreas específicas do corpo.[2] Já somos capazes de imprimir modelos de ossos, próteses e órgãos humanos em pleno funcionamento.

Agora o MIT está contemplando o futuro e introduzindo o conceito de impressão 4D – que incorpora o tempo como a quarta dimensão, na qual as estruturas impressas em 3D mudam sua forma quando ativadas. O conceito de automontagem não é novo. Tem sido usado em nanoescala por anos. Mas Skylar Tibbits, arquiteto que dirige o Laboratório de Automontagem do MIT, juntamente com a empresa de impressão em 3D Stratasys, desenvolveu um material inovador que se transforma em água, de modo que um objeto pode ser impresso em uma impressora 3D, submerso em uma banheira e, em seguida, expandir-se. Se programado corretamente, ele pode se automontar em uma forma pré-determinada. Caso Tibbits consiga criar o algoritmo para fazer essas cadeias de materiais impressos em 3D crescer por conta própria e se autorreplicar em um objeto preciso e complexo, as implicações serão colossais. Com o tempo, ele espera expandir o experimento da água para a luz, calor e até mesmo som.[3]

Carlos Olguin, Diretor do grupo de Matéria Bio/Nano/Programável da Autodesk, também está trabalhando neste futuro plausível. Ele vislumbra

---
[2] "3D Printer Builds Synthetic Tissues", 4 de abril de 2013.
[3] "Move Over 3D Printing, Self-Assembling 4D-Printed Materials Are On The Way", 3 de junho de 2013.

um cenário futuro em que, se você for diagnosticado com câncer, poderá receber uma injeção de nano-robôs que irão rastrear e eliminar seletivamente as células cancerosas. No Instituto Wyss da Harvard University, os investigadores têm utilizado o software da Autodesk para construir estruturas de proteínas em nanoescala em um processo chamado de "origami de DNA". Eles conseguiram construir um nano-robô a partir de cadeias de DNA, sob a forma de uma cesta com garras, com "bloqueios" de dupla hélice, somente abertos quando o robô entra em contato com as células cancerosas. Quando a garra é aberta, ela libera anticorpos que interrompem o crescimento das células, imitando o comportamento de nossos glóbulos brancos naturais. É um passo revolucionário que um dia poderia dar fim aos tratamentos de quimioterapia invasivos.[4] Os detalhes ainda estão sendo resolvidos, e um futuro em 4D com base no tempo pode sinalizar uma mudança fundamental na forma como designers, médicos, cientistas e engenheiros pensam e atuam.

Templosion dos games

A gamificação alavanca o valor do tempo real para se conectar com as pessoas de forma inédita. "Gamification" refere-se especificamente à aplicação da mecânica dos jogos em configurações não tradicionais de jogo. Em outras palavras, ela tem menos a ver com jogos reais e mais com a aplicação de princípios de recompensas e/ou nivelamento, a fim de promover o comportamento desejado. No mundo dos negócios, a gamificação vem sendo responsabilidade dos profissionais de marketing, por meio de programas convencionais de pontos, lealdade e recompensas. Hoje, não são apenas os profissionais de marketing que vêm aprimorando a forma de incorporar táticas de gamificação a fim de estimular a participação do consumidor – todos abraçaram a missão. As empresas e o governo estão usando a gamificação para envolver o público em projetos de crowdsourcing. Os websites e aplicativos estão distribuindo bottons como forma de incentivar os consumidores a se engajar nos comportamentos desejados. E os educadores estão tentando descobrir como incorporar sutilmente a gamificação para facilitar a aprendizagem.

---

[4] "4D-Printing: From Self-Assembling Chairs To Cancer-Fighting Robots". *The Guardian*, 4/10/13.

Templosion das moedas

O conceito de moedas globais está mudando de forma significativa e dando origem a um sistema financeiro alternativo que pode acabar sendo mais difícil de regulamentar, controlar e prever. As tensões cambiais globais estão crescendo, os bancos estão cada vez mais avessos ao risco, os mercados estão cada vez mais opacos e complexos, o nacionalismo e extremismo vêm crescendo, o estresse financeiro toma conta, e o desemprego e subemprego estão aumentando. Além disso, à medida que mais pessoas perdem a fé nas instituições e produtos financeiros, muitas moedas nacionais estão sendo vítimas de alternativas. As dificuldades econômicas, juntamente com os avanços tecnológicos, vêm produzindo uma onda de novos canais de troca, que permite que as pessoas extraiam valor e façam negócios de maneiras completamente novas. Esses novos canais também alavancam a proposição de valor do tempo. Um exemplo bem conhecido é o Bitcoin – criptomoeda indetectável, descentralizada, anônima, *peer-to-peer* e digital. Para alguns, as moedas virtuais podem se parecer com uma versão inovadora das notas do Banco Imobiliário. Para outros, as moedas virtuais podem se parecer com o fim do monopólio sobre o dinheiro. Mas a resposta está em algum lugar no meio da história. O que estamos vendo é a descentralização e democratização gradual da moeda e a aceleração de alternativas.

Templosion de atenção

Nos últimos anos, tem havido uma intensa discussão sobre a questão da atenção, com especial ênfase sobre as populações jovens globais. No entanto, o foco dessa discussão está mudando da *atenção* para o *tédio*. Os estudos sobre o tédio representam um campo formal de pesquisa que cresce rapidamente. Pesquisadores sugerem que o tédio tem consequências graves para a saúde e a produtividade e está ligado à depressão, ingestão excessiva de alimentos, abuso de drogas, jogos de azar e até mesmo à morte. Há considerações geracionais claras em relação ao tédio. Mesmo afetando pessoas em todos os grupos demográficos, as bases biológicas para o tédio entre as populações mais jovens são claras. Embora muitas vezes não seja resultado de qualquer anomalia no cérebro, o tédio pode ser o efeito da dinâmica do "pino quadrado em buraco redondo". Os jovens de hoje nasceram em um mundo de Templosion, e são hiperestimulados a partir do momento em que nascem. Como resultado, seus cérebros desenvolvem-se de forma diferente do que os das pessoas de gerações anteriores, e acabamos esperando que eles se engajem ativamente na escola, no escritório e em outros contextos. Isso pode ser impossível na prática, e, então, em vez de correr o risco de diagnosticar equivocadamente um problema clínico, temos de mudar nossa perspectiva. Teremos de reimaginar, reformular e redesenhar tanto os ambientes de aprendizado e de trabalho do futuro para atenuar o tédio.

Templosion do ciclo de vida

No mundo conectado em que vivemos hoje, em que as conexões são feitas em padrão de teia, em oposição a uma linha reta, vamos continuar a nos afastar de narrativas lineares em vários aspectos de nossas vidas. Conforme as crianças e jovens, com seus cérebros mais maleáveis, desenvolvem-se em um mundo cada vez mais conectado, não parece errado supor que se sentirão à vontade em criar e viver em uma cultura na qual imperam as narrativas não lineares. Se os cérebros jovens começam a processar informações de forma não linear, é possível que crescer em um mundo em rede incentive o cérebro a adotar esse tipo de processamento.

Um caminho cada vez mais não linear no ciclo de vida aumentará a dificuldade de criar nossos filhos, já grande por causa da cultura incrivelmente dinâmica em que vivemos. As pessoas não têm uma norma ou padrão para fazer comparações consigo mesmas em vários momentos de suas vidas e vão se questionar se estão fazendo o certo no momento certo. No ambiente de trabalho, o tédio tende a aumentar para aqueles que não conseguem se ater a uma narrativa linear. A geração de gamers exigirá a reformulação das tarefas, de modo a inspirá-los e a atenuar o tédio e o desinteresse. Isto representa um desafio para os gestores incapazes de se adaptar à abordagem não linear. As escolas também devem fazer mudanças – os antigos métodos de ensino não despertam a atenção e nem preparam os estudantes que vivem em um mundo cada vez mais estruturado no formato de teia.

Assim como todos nós podemos estar cada vez mais confusos no mundo em que vivemos hoje, a confusão reina na vida dos jovens. Mas o que também é confuso é a maneira como definiremos "juventude" na economia futura. Até a última metade do século XX, a adolescência era considerada uma fase importante da vida, que marcava a transição entre a infância e a idade adulta. O ciclo de vida moderno veio para contemplar várias fases da juventude: primeira infância, segunda infância, terceira infância, início da adolescência, fim da adolescência e início da idade adulta. O que estão surgindo nos primeiros anos do século XXI é uma mistura dessas fases e uma extensão da juventude para o que poderia ser considerada a idade adulta plena. Os limites tornam-se cada vez mais tênues, e as definições absolutas entre as populações e as gerações deixarão de existir. As variáveis demográficas serão cada vez mais difíceis de quantificar, e seus limites se tornarão mais difusos. Definições tangíveis de domicílio, nível de renda, idade, gênero, raça e etnia, situação profissional, filiação religiosa, localização, nível de escolaridade, mobilidade, estado civil, serão inadequadas para o mundo não linear para o qual caminhamos.

Em tudo isso, será importante criar e manter uma visão atemporal e estar disposto a adotar rapidamente e, em seguida, descartar até mesmo a estratégia de mais impacto. O ciclo de vida das estratégias será constantemente encurtado, enquanto a grandeza da visão pode evitar que o indivíduo e a organização sucumbam ao Templosion. O futuro também estará menos preocupado em consertar sistemas e instituições antigos ou defeituosos, e mais concentrado em reimaginar novos sistemas.

Esperto *versus* Inteligente

Nos próximos 15 anos, as pessoas que demonstrarem inteligência (a capacidade de resolver desafios nunca enfrentados) serão muito mais valorizadas do que aquelas que demonstrarem esperteza (a capacidade de aprender e reter informações). Em uma época em que tudo está se acelerando a um ritmo sem precedentes, o pensamento adaptável, crítico e estratégico será mais valorizado do que nunca. Enquanto uma profissão era definida pelo acúmulo e aplicação de anos de estudo, o futuro vai premiar aqueles mais capazes de compreender um projeto, levar em conta as circunstâncias externas, interpretar a cultura do cliente, reunir os recursos relevantes, acessar as informações significativas em um mar de fontes e antecipar os resultados. A dependência de software e algoritmos sofisticados, em vez de diminuir ou substituir a necessidade do pensamento crítico humano, irá torná-lo ainda mais necessário.

A importância da aprendizagem contínua

Por causa do Templosion, o conhecimento logo fica ultrapassado. Com exceção dos conhecimentos básicos – leitura, escrita e aritmética –, cada ano lança dúvidas sobre o que aprendemos no ano anterior. Conforme essas mudanças de impacto ocorrem, e ocorrem constantemente, torna-se cada vez mais importante que todas as profissões e os profissionais que as exercem adotem a educação continuada e a aprendizagem ao longo da vida como valor fundamental. Parte da aprendizagem ao longo da vida abrangerá a necessidade de "desaprender" conhecimentos e processos que não têm mais utilidade. Isso ganha especial importância com o aumento da expectativa média de vida.

O impacto da inovação

Um dos maiores desafios que enfrentaremos nos próximos anos será lutar contra a angústia e o pessimismo e defender com entusiasmo a inovação que faz sentido. A transformação do ontem para o amanhã nunca é simples ou fácil. Porém, a engenhosidade é extremamente necessária em épocas desafiadoras, e precisamos nos concentrar em como extrair e aplicar essa engenhosidade para que muitos fênices possam vir à tona. Uma vez que tudo está se acelerando a um ritmo exponencial, as organizações batalharão com eficácia para criar valor e diferenciação real em um mercado com muitos concorrentes. As que forem capazes de fazer isso estarão entre as vencedoras nesse novo mundo.

Atualmente é difícil conceber o tempo como um elemento maleável, ao invés de linear e constante. Todavia, conforme o século XXI avança, seremos confrontados com alterações nessa dimensão que desafiam nossas práticas de negócios, nosso comportamento pessoal e expectativas. O tempo, como a energia, está se tornando um recurso precioso. Assim como nenhuma entidade ou profissão pode se dar o luxo de desperdiçar energia de modo frívolo, nenhuma entidade no futuro poderá se dar o luxo de não valorizar o tempo.

Erica Orange é Vice-Presidente da Weiner, Edrich, Brown, Inc. (WEB), um dos principais grupos de consultoria futurista dos Estados Unidos. Erica monitora continuamente as tendências sociais, econômicas, políticas e tecnológicas e atende às organizações-clientes potencializando sua capacidade de olhar para a frente e de responder de forma lucrativa à mudança. Desde 1977, a WEB trabalha com executivos nas áreas de planejamento estratégico, desenvolvimento de novos produtos, marketing, publicidade, relações públicas, finanças, comunicação, recursos humanos e relações governamentais.

Perguntas para você

- *Quais são os processos lineares e estáticos da organização?*
- *Como podemos lidar com uma velocidade de mudança cada vez mais intensa?*
- *Que certezas da nossa organização são desafiadas pelo conceito de Templosion?*

As pessoas mais seguras não são aquelas que escolhem uma carreira para a vida toda. São as pessoas que seguem a sua paixão ou paixões.

MARGARET LOBENSTINE
Autora de Os novos renascentistas

O FUTURO DO TRABALHO

Harry West
Sócio Sênior da Prophet

O desejo de servir

Meu filho de 18 anos, Eli, está planejando tirar um ano de folga – um ano sabático – depois de terminar o ensino médio e antes de entrar para a faculdade. Ele acha que, depois de passar um ano trabalhando e viajando, ele estaria mais maduro, com um senso de propósito mais claro para orientar seus esforços na faculdade. Durante seu ano sabático, ele quer ajudar outras pessoas, se possível prestando algum tipo de serviço de saúde, de preferência em outro país, melhor ainda se for em um país em desenvolvimento, onde ele acha que seu serviço seria mais necessário. Acontece que há várias organizações especializadas em encontrar oportunidades de trabalho como essa para estudantes em um ano sabático. Por exemplo, a Amigos (Amigos de las Américas)[5] oferece a alunos graduados do ensino médio até 25 anos a oportunidade de fazer estágios de desenvolvimento comunitário na Nicarágua. A taxa é de US$12.950. Eles também estão planejando um programa no

---

[5] http://www.amigoslink.org/gap-program-requirements-and-cost.

Brasil, que vai custar US$29.950. Outro programa, Rustic Pathways, oferece um semestre de serviço na Ásia por US$9.965. No programa, os alunos irão trabalhar em projetos de construção, prestar serviços em um orfanato e ensinar inglês para os habitantes de Laos.[6] Aliás, eu e minha esposa não vamos pagar por nenhum desses programas. Nosso filho terá de ir atrás dos recursos por conta própria e fazer o mesmo que aqueles que pagam pelo privilégio de prestar serviços em países em desenvolvimento.

O LinkedIn, rede social para contatos profissionais, criou, em 2012, um programa chamado LinkedIn Board Connector para conectar organizações sem fins lucrativos com candidatos a membros do Conselho de Administração. Em abril de 2014, mais de um milhão de usuários do LinkedIn tinham demonstrado interesse em trabalhar no Conselho de uma organização sem fins lucrativos, mas apenas 1.000 organizações sem fins lucrativos estavam à procura de conselheiros.[7]

Por que existe um segmento dedicado à indústria de serviços nos Estados Unidos e na Europa? Por que há um número maior de pessoas no LinkedIn querendo trabalhar no Conselho de uma organização sem fins lucrativos que organizações sem fins lucrativos em busca de conselheiros? Acho que essas tendências são indicadoras de quantas pessoas estão à procura de um trabalho que tenha significado e das poucas oportunidades que existem para ajudá-las a realizar esse objetivo.

À procura de significado no trabalho

O trabalho pode ser apenas uma troca de tempo e mão de obra por um salário: o meio de nos alimentar, vestir e abrigar; de proporcionar assistência médica básica e sustentar nossos filhos. Contudo, conforme as sociedades se tornam mais ricas, para alguns, o trabalho tornou-se mais que apenas um meio para chegar a um fim. A forma de ganharmos a vida tornou-se tão importante quanto o salário. O trabalho, para muitos de nós, tornou-se um caminho para chegar ao sentido e à plenitude.

À medida que encontramos mais significado e engajamento no nosso trabalho, começamos a ver uma inversão nos papéis do trabalho e do lazer. Historicamente, trabalho era trabalho, e o lazer abrangia as atividades que escolhíamos fazer fora do horário de trabalho. Quanto mais sucesso você

---

[6] http://www.rusticpathways.com/.
[7] http://nonprofits.linkedin.com/find-board-members.html.

tivesse, mais tempo livre teria para ir em busca de interesses como escrever, fazer trabalhos filantrópicos e promover debates, atividades que trazem mais desafios intelectuais e significado que a maioria dos trabalhos.

Hoje, como "trabalhadores do conhecimento", muitos de nós ganhamos a vida de maneiras tão envolventes e significativas para nós como nossas atividades de lazer. Somos pagos para fazer o que as pessoas ricas de um século atrás costumavam fazer em seu tempo livre. Agora é realista termos o desejo de encontrar um trabalho que proporcione um desafio criativo, que ofereça uma oportunidade para aprender e crescer profissionalmente, que nos coloque em uma comunidade de colegas que pensam parecido, e isso tem significado e importância social. Hoje, nosso trabalho é nossa medalha de honra, da mesma maneira que as atividades de lazer eram para os privilegiados de um século atrás.[8] Nos Estados Unidos, os trabalhadores de escritório estão optando por trabalhar mais horas, enquanto as horas dos operários estão sendo reduzidas. A decisão é, em parte, motivada pela concorrência, mas também pelo interesse que nosso trabalho desperta em nós.

As empresas que pretendem recrutar os melhores e mais brilhantes estão respondendo a essas novas aspirações. Elas estão comunicando os valores responsáveis da empresa e apresentando uma proposta de valor para os funcionários: por que ir, por que ficar, por que trabalhar com dedicação. O Instituto para o Investimento Sustentável, de Morgan Stanley, e o trabalho da Nestlé com sustentabilidade social, ambiental e financeira, não são apenas altruísmo – esses programas "triple bottom line" são importantes indicadores dos valores e propósitos dessas empresas, os quais, por sua vez, ajudam-nas a recrutar e reter talentos. (E esses programas não servem apenas para recrutar trabalhadores – os consumidores também procuram significado e autoexpressão quando tomam suas decisões de compra, o que reforça a importância dessas declarações.)

Colocando significado no trabalho

É preciso ter cuidado para que nossa busca por significado pessoal não nos deixe cegos para a utilidade real do trabalho que estamos fazendo. A causalidade não funciona para os dois lados: o trabalho útil para a sociedade pode ser significativo e envolvente, mas o trabalho envolvente não tem necessariamente utilidade social. Podemos ver isso em muitos projetos sociais e

[8] Thorstein Veblen. The Theory of the Leisure Class: an Economic Study of Institutions, 1899.

ambientais que devem ter sido inspiradores para as pessoas que trabalharam neles naquele momento, mas que, em retrospecto, não eram rentáveis ou traziam benefício real para a sociedade. Em última análise, as pessoas que se beneficiavam do trabalho eram as que o realizavam, e não às quais o trabalho deveria beneficiar.

Alguns exemplos desses projetos incluem os produtos chamados de "ecológicos", que, apesar de parecerem ecológicos, acabam sendo mais prejudiciais para o ambiente que o produto que eles tentam substituir quando fazem uma análise mais aprofundada. Pense nas pessoas que cruzam um oceano de avião para participar de uma conferência sobre a redução das emissões de carbono. Ou viajar para áreas remotas e pobres nos países em desenvolvimento para fazer trabalho braçal. Ou projetos de inovação social, em que o custo do projeto ultrapassa o benefício para os supostos beneficiários, que teriam mais vantagem se recebessem o dinheiro. Em cada um desses casos, o participante pode se sentir bem com seu envolvimento, e pode haver benefícios educacionais ou outros benefícios, mas o projeto em si não é uma maneira rentável de ajudar os outros. Um dos exemplos mais extremos é o A Better Place, que desperdiçou centenas de milhões de dólares em uma equivocada tentativa de vender baterias intercambiáveis para veículos elétricos. O custo econômico do projeto foi imenso, e o custo ambiental foi proporcional a ele. Podemos elogiar a motivação dos participantes e admitir a presença do risco em qualquer empreendimento, mas temos de reconhecer o lamentável desperdício que ocorre quando o desejo de ajudar nos impede de enxergar a realidade econômica.

O desafio do design

O significado equivocado é um problema específico à minha área de atuação – design e inovação. É muito mais fácil criar a impressão de que um projeto tem significado – basta vesti-lo com uma roupagem de preocupação ambiental ou social – do que fazer um projeto que realmente melhore a vida das pessoas. Queremos criar, e queremos fazer o bem, e queremos muito acreditar que, ao sermos criativos, estamos fazendo o bem. Queremos encontrar sentido nas ideias que temos.

Às vezes, nossa vontade de criar pode até interferir na nossa oportunidade de tornar o mundo um lugar melhor. Podemos ser distraídos pelo desejo de criar algo novo e ignorar o que as pessoas beneficiadas pelo projeto realmente querem: talvez elas queiram uma versão mais simples e confiável de um produto ou serviço já conhecido. Gostamos tanto de criar que é fácil perder o cliente de vista.

E, claro, não só queremos que nosso trabalho criativo seja apreciado pelo bem que ele traz para a sociedade, mas também queremos ser bem pagos para fazê-lo. E é aqui que nosso calcanhar de Aquiles fica exposto: trabalhar com design e inovação traz tantas gratificações intrínsecas que pessoas talentosas estão dispostas a trabalhar bastante e ganhar pouco. É fácil explorar as pessoas que nasceram para criar.

Outras maneiras de construir o engajamento

O significado gera o engajamento, mas nem todos têm o privilégio de fazer um trabalho criativo ou com significado inerente. Alguns de nós têm empregos que são apenas isso – uma maneira de ganhar a vida, mas sem nenhum significado além do contracheque.

Porém, mesmo para essa maioria dos trabalhadores, existem condições que podem promover o engajamento no trabalho:

1. Oportunidades de aprender – desenvolver-se profissionalmente.
2. Senso de comunidade no trabalho – fazer parte de uma equipe.
3. Intensidade do trabalho – um desafio envolvente.
4. Relevância pessoal no trabalho – sentir-se necessário.

Um trabalho envolvente nesses aspectos mas que não tenha significado extrínseco é parecido com jogar futebol: é divertido e altamente motivador porque você faz parte de uma equipe, o jogo é intenso, você está sempre aprendendo novas habilidades e você é necessário – sua equipe depende de você. Mas não há nenhum benefício social ou propósito maior: você está apenas tentando chutar a bola para o gol. Eu me lembro de como trabalhei duro em alguns projetos de design apenas por causa do desafio intrínseco do trabalho e do senso de companheirismo de estar em uma equipe de alto desempenho. Na maioria dos esportes em nível profissional, só podemos assisti-los das arquibancadas, mas, em nosso trabalho, somos os jogadores.

No futuro, as empresas desenharão experiências de trabalho parecidas com jogos, a fim de estimular o engajamento e retenção de seus funcionários. Para algumas empresas comerciais, a história se limitará ao jogo, enquanto empresas mais sofisticadas desenvolverão condições de trabalho parecidas com jogos também significativos.

Encontrando sentido na empresa comercial

À medida que nos tornamos mais sofisticados em reconhecer as falhas na missão de algumas empresas sociais e criativas, é possível encontrar sentido na empresa comercial? Às vezes, o trabalho que não tem um significado evidente em si mesmo é uma parte vital de um sistema maior, significativo. Acredito que o significado possa ser encontrado até mesmo na empresa mais impiedosamente comercial, caso seja vista no contexto mais amplo de um ecossistema comercial que esteja contribuindo, intencionalmente ou não, para tornar o mundo um lugar melhor para as pessoas.

Nossas vidas são compostas por experiências – as experiências sociais, religiosas e intelectuais formam a essência de uma vida rica. E também gostamos de experiências materiais: alimentação, moradia, transporte, saúde e os produtos e serviços cada vez mais sofisticados que escolhemos comprar. Muitos dos programas de ano sabático que meu filho vem considerando têm como objetivo levar alguns dos privilégios materiais dos Estados Unidos para países menos desenvolvidos. (E alguns também oferecem experiências religiosas e sociais para os alienados ocidentais.) O alto padrão de vida que desfrutamos nos países desenvolvidos é resultado do alto padrão e baixo custo dos produtos e serviços que consumimos. Eles, por sua vez, são o resultado de uma feroz concorrência entre as empresas que desenvolvem continuamente produtos e serviços melhores para a nossa escolha. Em um ambiente de negócios bem regulado, ao manterem a ênfase egoísta em seu próprio crescimento e lucratividade, as empresas competitivas estão tornando nossa vida material melhor. As empresas inteligentes reconhecem essa conexão e a usam como princípio orientador na concepção e desenvolvimento de seus produtos e serviço – são as chamadas empresas centradas no cliente. E as empresas ainda mais inteligentes tornam essas conexões visíveis para seus clientes e, o mais importante, para seus funcionários, porque isso agrega valor aos seus produtos e serviços e representa um importante componente da remuneração psíquica de sua força de trabalho.[9]

Ao colocar o cliente no centro da empresa, estabelecemos um significado compartilhado que une as equipes e orienta seu trabalho. Por isso, as equipes desenvolvem produtos e serviços melhores, e o negócio tem mais chance de ter sucesso. A concorrência entre as empresas que visam o lucro impulsiona a inovação, o que proporciona avanços materiais à nossa sociedade, de forma

---

[9] "Meaning is the new money". HBR online, 23 de março de 2011.

que todos que trabalham para as empresas envolvidas na concepção e desenvolvimento de novos produtos e serviços estejam desempenhando, cada um em sua função, algum papel pequeno, porém importante, para tornar a vida melhor. Isso talvez não seja rotulado como inovação social, mas torna a vida melhor e é algo digno.

O futuro do trabalho

Então, qual é o futuro do trabalho? Para a maioria das pessoas, ele ainda será essencialmente apenas uma maneira de alimentar suas famílias. Contudo, conforme a sociedade se torna mais rica, o significado, ou pelo menos o engajamento, se tornará mais importante para mais pessoas quando escolhermos como ganharemos a vida. Portanto, a fim de atrair e reter os melhores talentos, algumas empresas vão optar por serem mais explícitas sobre seu propósito e mais deliberadas sobre sua missão. O significado será tão importante quanto o lucro.

Como ocorre com muitas ideias emergentes, o significado será usado e abusado. As organizações serão tentadas a colocar um verniz de benefício social em sua missão – o futebol para a paz. Para nós individualmente, nossa busca por significado pessoal continuará a nos cegar sobre a presença ou não de um significado real em nosso trabalho. Contudo, como uma sociedade, refinaremos nossa compreensão sobre o que é verdadeiramente significativo no trabalho e ampliaremos a forma como pensamos sobre isso. Aprenderemos que, porque achamos que o trabalha seja criativamente satisfatório e pessoalmente significativo, não significa que esteja realmente dando uma contribuição para o mundo. Também aprenderemos que, só porque uma empresa está lucrando com o trabalho, não significa que não esteja também tornando o mundo um lugar melhor.

Em que outros aspectos nossa vida profissional mudará? Mais uma vez, faço referência aos meus filhos; é verdadeiro dizer que o que nossos filhos vão fazer será o futuro do trabalho e que o que estão fazendo agora é um indicador de como pensarão sobre o trabalho no futuro. Hoje, meu filho mais novo está jogando videogames. Ele joga online com vários jogadores, faz parte de uma equipe cujos companheiros estão distribuídos pelo mundo, e ele não conhece pessoalmente a maioria. Todas as interações deles são mediadas pela tecnologia. O objetivo é essencialmente desprovido de sentido, mas eles são muito engajados. No momento, a atividade é divertida por causa da intensidade com que jogam: em todos os horários, sem tempos de jogo específicos; é um engajamento de 24 horas por dia, 7 dias por semana.

Podemos prever que o futuro do trabalho será como os videogames do meu filho: equipes remotas distribuídas globalmente, engajadas intensamente 24/7, como se estivessem em um jogo com o propósito de atingir um objetivo juntos. Para alguns, será apenas um jogo, enquanto para outros, será um jogo com significado. Para esses trabalhadores privilegiados no futuro, mais do que a empresa ou o contrato de trabalho, o que vai uni-los em seu trabalho é um propósito comum e o significado que se estende além do salário.

Harry West é o líder de Design da Experiência do Cliente e Inovação na Prophet: a empresa cria experiências para o cliente e produtos que atendem melhor às necessidades das pessoas, cumprem a promessa da marca e potencializam o crescimento das empresas. Harry respira design e inovação há mais de 25 anos. Quando trabalhou na P&G, ajudou a criar o Swiffer, e, no BBVA, ajudou a criar o novo sistema bancário centrado no cliente da instituição. De bens de consumo a serviços bancários, ele ajuda as empresas a enxergar com mais clareza o que as pessoas vão querer no futuro e a imaginar como transformar o negócio da empresa para tornar esse futuro real.

Perguntas para você

- *Que valor a missão e visão de nossa empresa entregam?*
- *Em que medida você está preparado para estruturas de trabalho bem mais flexíveis?*
- *Como podemos reter e adquirir novos talentos na realidade futura apresentada?*

Para uma criança de 1 ano, uma revista é um ipad quebrado.
KEVIN KELLY
Editor da revista Wired

GERAÇÕES MÚLTIPLAS – O DESAFIO DE UMA SOCIEDADE UNIFICADA

José Souza
Vice-Presidente Sênior, AYR WW Trends & Innovation

Há quem considere o conflito de gerações um problema, enquanto eu o vejo como algo essencial para o progresso de qualquer sociedade ou empresa. Ele força um confronto de ideias e de ideais, que acaba produzindo ideias novas, evita a complacência e gera uma constante prova dos nove, que obriga a mudar o que tem de ser mudado e deixar em paz o que não precisa ser. No entanto, segundo Don Tapscott – autor de *Wikinomics* (Nova Fronteira, 2007), *Geração digital* (Makron, 1999) e *Plano de ação para uma economia digital* (Makron, 2000) –, essa interação (e até choque) tão importante de gerações corre o risco de ser sufocada devido à criação de duas "facções opostas, mas que não se opõem". Uma é a dos "Nativos Digitais", nascidos após 1980 e completamente fluentes e totalmente à vontade em tudo o que seja digital. A outra é a dos "Migrantes Digitais", nascidos antes de 1980 e que "falam a linguagem digital com sotaque e a entendem com diversos graus de dificuldade".

Isso porque as diferenças entre ambos são realmente grandes e devem ser entendidas para que se possa (re)construir uma "ponte de entendimento" que os ligue, já que:

- Os "Nativos Digitais" pensam de maneira mais desfocada e holística, já que só conheceram um mundo no qual a informação é quase totalmente gratuita, acessível em segundos e disponível para quase todos, no qual se consegue trabalhar fora do escritório e, ainda, com a possibilidade do *multitasking* extremamente facilitada e até confundida com inúmeras possibilidades de distrações online.
- Já os "Migrantes Digitais" pensam e agem de forma mais focada, analítica e linear, vindos de um mundo de informação cara e restrita, no qual o trabalho era feito no escritório – à mão, tarefa a tarefa e sem distrações disponíveis ou mesmo toleradas por colegas e superiores.

Isso explica por que – apesar do seu "handicap de fluência digital"– os "Migrantes Digitais" predominam sobre os "Nativos" em cargos médios e seniores de empresas de core business não digital. *Os "Migrantes Digitais" sabem a diferença entre "movimento" e "ação" e, portanto:*

1. Trabalham tarefa a tarefa e de maneira focada e profunda, em vez de fazer várias ao mesmo tempo. Isso gera mudanças mais lentas mas também mais seguras e eficazes.
2. Filtram a informação que lhes chega, em vez de tentarem processar tudo (algo impossível, de qualquer forma, devido ao volume incalculável).
3. Dedicam tempo, pensamento e linguagem para transformar informação em briefings claros e que gerem ação concreta e mensurável com relação a objetivos precisamente definidos, em vez de repassarem informação não processada e que desperdice tempo e recursos.

Então, quando os "Migrantes Digitais" se aposentarem, um futuro só de "Nativos Digitais" vai ser desastroso? Claro que não – se uma "ponte educacional" for construída entre eles hoje.

Segundo Marcelo Veras (fundador da Inova Business School, na sua excelente apresentação "O desafio de atrair e reter as novas gerações"), a coexistência destas duas verdadeiras sociedades (em vez de segmentos, como a Geração Y, X etc.) tão diferentes é um problema que, se não for atacado, terá efeitos sérios e duradouros tanto em nível da sociedade quanto no de negócios. Nos Estados Unidos, 80% de um universo amostral com menos de 23 anos declarou, em 1980, desejar um emprego no qual pudesse ter um cargo de responsabilidade. Em 2002, esse percentual baixou para 60% – e nem quero imaginar qual seria a resposta hoje... Outro problema é a diminuição na interação entre gerações, o que reduz a capacidade dos jovens de pensar de forma mais profunda e argumentativa, diminui a propensão ao debate e pode gerar uma enorme massa reativa e sem grandes ambições, com baixo impacto social e uma dor de cabeça enorme para as empresas.

"Global Connection and Convergence" é uma *macrotrend* identificada pelo Trends Research Center que aponta a necessidade de mudarmos a forma de pensar para aproveitarmos ao máximo as oportunidades infinitas que a conectividade e interação cada vez maiores e mais fáceis nos propiciam. *Crowd Everything* é outra tendência identificada pelo Trends Research Center que aponta a "tribalização comportamental" da sociedade, particularmente junto aos "Nativos Digitais".

E se contrastarmos o efeito combinado dessas duas tendências com os comportamentos dos "Nativos" e "Migrantes Digitais", é válido concluir que:

1. Um "abismo de silêncio" substituiu a "linha de confronto" que havia entre gerações.
2. Este "abismo de silêncio" não significa que uma geração não tenha nada a dizer à outra, mas sim que ambas não sabem como se comunicar entre si e nem quais canais usar para tal.
3. Se as assertivas anteriores forem válidas, então cabe aos "Nativos" e "Migrantes Digitais" criarem a "ponte educacional" referida anteriormente para reatar e manter a comunicação.

E aos céticos que digam que o "abismo de silêncio" presente é tão amplo e profundo que impossibilita qualquer ponte sobre ele – e que a solução reside em esperar o desaparecimento dos "Migrantes Digitais" –, é também possível contra-argumentar que:

1. *Gaps* geracionais existirão mesmo numa sociedade só de "Nativos Digitais".
2. A juventude não cancela a maturidade e nem a idade acaba com a ousadia. O conceito dos "Cognitivamente jovens" e dos "Cognitivamente velhos" baseia-se na forma de pensar independentemente da idade e destrói conceitos baseados somente em critérios etários.
3. Os meios de construir essa "ponte educacional" que reacenda o diálogo entre mais jovens e mais velhos estão aí e ficarão ainda melhores com o tempo. O necessário é ter a vontade e a humildade intelectual – de ambas as partes – para construí-la.

Mas, para que isto ocorra, a sociedade, futuristas e analistas de tendências têm de aceitar que *vivemos num mundo real, no qual mudanças desnecessárias e baseadas em premissas malformadas podem ser desastrosas.* Por exemplo, a compressão na União Europeia da maior parte dos cursos universitários em três anos foi uma mudança que só serviu para tornar a pós-graduação essencial para se ter qualificações universitárias mínimas. Este absurdo "Acordo de Bolonha" foi obra de burocratas, com base em premissas de "harmonização" que ignoram preceitos educacionais básicos e, sob o falso manto da "mudança essencial", imposto aos seus estados-membro.

Da mesma forma, é essencial entender que o mundo virtual não é um fim por si só e muito menos um meio para agravar tribalismos e divisões, *mas sim um facilitador da aproximação entre pessoas – física e, sobretudo, intelectualmente nos locais e momentos certos.*

Se aceitarmos as premissas anteriores, então a educação necessita despir a "camisa de força" na qual ainda está encerrada e assumir o significado original em Latim – ēducātiō: desenvolvimento, treinamento, criação, cuidado. *Assim, ela poderá deixar de ser a via de mão única pela qual o conhecimento é transmitido de cima para baixo e tornar-se uma ponte que integra gerações e cria, desenvolve e facilita entre elas o intercâmbio e a disseminação de conhecimento – incipiente ou adquirido.* Isso causará uma mudança radical, por via dos "Cognitivamente jovens" e na qual:

- Os mais velhos compartilham experiências, estudo de casos e lições que aprenderam com os mais jovens – ajudando-os, assim, no seu progresso pessoal e profissional no mundo real.
- Os mais jovens ajudam os mais velhos a melhorar sua "fluência digital" – gerando um ciclo de desenvolvimento benéfico para todos, sustentado e em toda a cadeia de valor.

Essa combinação e esse intercâmbio de experiências vão provocar descobertas, acrescentar conhecimento e refinar competências por meio do diálogo – seja ele consensual ou não. E pode ocorrer online ou offline, durante ou fora do horário de trabalho e, principalmente, com um sentimento de utilidade, aplicação prática e até diversão, que só fará bem.

As oportunidades estão aí e em todos os níveis. Na Índia, a Fundação Akanksha[10] mostra o caminho provando que qualquer pessoa com a

---
[10] akanksha.org.

experiência e a atitude certas pode ensinar outros, o que certamente vai contribuir muito para a resolução dos enormes problemas que ainda existem naquele país. No Brasil – como na maioria dos países –, a TV Social pode alavancar o papel das marcas de construir relações com os consumidores para a geração de engajamento social e agir, assim, como um meio e ferramenta de educação (vide "Social TV in Brazil. From Social Convergence to Social Convergence and Empowerment").[11]

Mas também há riscos, sendo o principal deles esperar que os governos tomem a iniciativa. A maioria dos políticos ocidentais, infelizmente, não tem visão, capacidade ou meios para tal, e os níveis de confiança decrescentes das populações com relação a eles demonstram isso. Pelo que toca ao setor privado, quem tomar essa iniciativa e fomentar a construção da "ponte educacional" de forma sustentada ganhará muito mais do que investiu em vendas, além de obter melhor performance dos funcionários e lealdade de clientes e consumidores.

A principal mudança será na atitude. Quase ninguém pode dizer que não há nada a aprender com os demais ou que não tem qualificações para ensinar. E, se essa atitude for incorporada pelos estratos mais preparados da sociedade – independentemente de educação, idade ou extrato profissional –, *seu sucesso dependerá da escolha entre a inconveniência da aten*ção e da profundidade *e o sossego da distração e da superficialidade.* Uma cultura ampla, de profundidade de pensamento e ação, exige aceitar que empresas e sociedades de sucesso têm elites (não confundir com elitismo), abertas a todos e cujos esforços e resultados são reconhecidos, louvados e recompensados. Não é fácil e nem politicamente correto, mas funciona pela criação de um processo natural de seleção que dá duas escolhas aos amantes da superficialidade: "permaneça como é, mas fora daqui" ou "mude para melhor e cresça conosco". A questão, portanto, é se vamos substituir os clichês pela força do pensamento profundo e original, aliado à humildade intelectual e facilitado pela Global Connection & Convergence, para construirmos um futuro realmente melhor. E não vejo razão pela qual não o possamos fazer.

Por mais confiança que tenha no futuro – algo de que qualquer brasileiro precisa para não enlouquecer –, não poderia encerrar este capítulo sem me referir a dois grandes problemas potenciais: um deles, segundo o Professor John Edward Huth, de Harvard, é a dependência tecnológica excessiva dos "Nativos Digitais", que os fazem "compartimentar" a informação recebida

---

[11] ayr-insights.com.

em vez de colocá-la e aplicá-la num sistema cognitivo mais amplo e profundo. Isso faz com que a informação recebida não seja analisada e acabe sendo passada adiante sem filtragem ou input pessoal. Cabe, então e novamente, às empresas desenvolverem programas que estimulem as capacidades analíticas juntamente com treinamento sobre como articular e escrever conclusões, pensamentos, recomendações e insights de maneira clara e articulada. O outro, segundo uma terapeuta ocupacional e familiar brasileira é o *multitasking*. Praticado em excesso, ele causa níveis de estresse que podem gerar depressão, redução de memória e falta de discernimento – problema grande por si só e que tende a agravar o problema mencionado. Ambos são reais e exigem solução. Seria presunçoso e tolo da minha parte afirmar que ninguém terá solução para eles ou, pior ainda, que eu tenho a solução. Mas posso predizer, com total confiança, que as soluções serão encontradas, e num futuro não muito distante.

José Eduardo Garcia de Souza é Vice-Presidente Sênior na Ayr Consulting – empresa especializada no estudo e aplicação de tendências do consumidor para a geração de inovação. Um apaixonado pelo Marketing e a Publicidade, ele está envolvido nessas áreas há 35 anos e em 6 países – Brasil, Reino Unido, Espanha, Portugal e Ásia Central. A formação é outra das suas paixões, com envolvimento na área por mais de 16 anos, como organizador e formador em diversos seminários, cursos e programas.

Perguntas para você

- *A nossa força de trabalho está preparada para lidar com uma realidade multigeracional?*
- *A oferta de valor da organização é sustentável no futuro?*
- *Como nós lidamos com as crescentes divisões entre as gerações?*

Não sou jovem o suficiente para saber tudo.
OSCAR WILDE
Escritor e poeta irlandês

LONGEVIDADE: PRÓXIMOS PASSOS

Antônio Nogueira Leitão
Embaixador da rede global Aging 2.0

"Fechem os olhos... Imaginem-se agora na noite de seu aniversário de 85 anos! O que vocês se veem fazendo? [silêncio no auditório] Quem se imaginou num hospital geriátrico? Quem se imaginou numa residência de idosos? Quem não conseguiu se imaginar chegando lá? E quem se imaginou numa festa, celebrando com amigos? Quem se imaginou fazendo um novo plano, fazendo algo diferente, começando uma nova etapa?"

Foi com essa provocação que Alexandre Kalache começou sua participação no evento TEDxUFRJ, em 2012. A plateia, composta majoritariamente por universitários na faixa dos 20 a 25 anos, foi confrontada com a perspectiva que hoje caracteriza o cenário demográfico mundial: o que faremos diante do envelhecimento populacional e do de cada um de nós? Na condição de expert mundialmente reconhecido no cenário de debates sobre envelhecimento, Kalache, Ex-Diretor da OMS para o tema do Envelhecimento e Curso de Vida, sabe que a tendência demográfica de uma expectativa de vida cada vez maior exigirá soluções obrigatoriamente inovadoras. A palavra *obrigatoriamente* não é usada simplesmente por força de expressão, mas porque não há precedentes históricos de um envelhecimento populacional tão significativo como o que o mundo atravessa hoje.

Noções sobre o envelhecimento

O processo de envelhecimento populacional é resultado de mudanças estruturais na sociedade. Em primeiro lugar, pode-se associá-lo a menores taxas de mortalidade infantil, causada, em geral, por problemas na gestação e no parto ou pela incidência de doenças infectocontagiosas. Assim, serviços de atenção básica de saúde, condições sanitárias e de higiene razoáveis e a disponibilização de antibióticos e vacinas são suficientes para gerar um grande impacto, já que reduções na mortalidade no primeiro ano de vida desempenham o papel mais importante na redução da mortalidade total. Ao longo do século XX, para uma parte considerável da população mundial, tais fatores se fizeram disponíveis.

Em segundo lugar, a queda nas taxas de fertilidade interfere no processo de envelhecimento. Aqui, já se trata de um fator mais sutil, e talvez menos disseminado, pois passa pela mudança em temas tabu para muitas sociedades: a entrada da mulher no mercado de trabalho, a dissociação entre sexualidade e reprodução com o advento dos anticoncepcionais e a mudança no padrão de relacionamentos amorosos e matrimônios. As taxas de natalidade (menos de 2,1 filhos por mulher) verificadas em países desenvolvidos, e mesmo no Brasil, estão associadas a essas mudanças.

Por fim, a crescente taxa de sobrevivência em idades avançadas devido à disponibilidade de recursos médicos e ambientais adequados causa o aumento do envelhecimento populacional. A conclusão que se pode tirar olhando para os três fatores é que o envelhecimento populacional está claramente associado aos progressos material e técnico nas sociedades. Isso significa, portanto, que o envelhecimento é uma conquista social. Nem por isso, essa conquista está dissociada do surgimento de novos desafios.

A provocação que Kalache lançou à sua plateia naquele TED – como imaginariam estar no aniversário de 85 anos – foi concluída com a seguinte resposta: "*Ok. A grande maioria aqui vai estar com um novo projeto, vai estar celebrando a vida com os amigos... essa vida muito mais longa. **A realidade é que vocês vão viver 30 anos mais que seus avós!***" Após anunciar essa revolução da longevidade, Kalache sugeriu ainda que esse acréscimo de tempo à segunda metade da vida levará ao surgimento de uma nova categoria etária: a gerontolescência. Tal como a adolescência, trate-se de um período de transição:

este da infância para a vida adulta; aquele, da vida adulta à velhice (só que com o triplo da duração).

Muitas perguntas permeiam a prospecção de um cenário futuro sobre o envelhecimento. O que farão os gerontolescentes? Trabalharão mais alguns (ou todos) esses 30 anos ou permanecerão o período todo aposentados? Que papeis familiares lhes caberão e quais caberão a seus filhos, netos, bisnetos (e, quem sabe, tataranetos)? Como habitarão, onde e com quem? A abertura para inovações geradas pela gerontolescência é grande, e uma boa forma de iniciar a exploração desses problemas é olhar para a realidade do envelhecimento já existente hoje em alguns países.

Perguntas e respostas

Analisaremos os seguintes casos, todos em países com alto índice de idosos: Japão, França e Portugal. O Japão é escolhido pelo fato de ter sofrido transformações culturais de modo muito acentuado, com consequências diretas sobre os rumos do envelhecimento. A França por ter vivido uma grande discussão sobre a necessidade de mudanças no sistema previdenciário ainda sob os efeitos da crise econômica de 2008. E Portugal por ser um país que, mesmo tendo atingido um patamar de desenvolvimento considerado elevado, é uma referência cultural mais próxima de nós, brasileiros. Tendo em vista as particularidades apontadas nos três países, veremos que desafios relativos ao envelhecimento populacional têm surgido e que respostas têm sido dadas a eles, abrindo caminho para um exercício prospectivo como o que aqui se intenta.

Japão: aumento da pobreza e da criminalidade entre idosos

Um fato inusitado vem chamando a atenção no Japão, já há alguns anos: o crescimento do número de delitos cometidos por idosos. Um dos países com maior número de idosos do mundo, e também de menor criminalidade, o Japão vem sofrendo cada vez mais com os crimes, em geral não violentos, como furtos e pequenos roubos, cometidos por sexagenários e pessoas ainda mais velhas. Entre 1988 e 2008, enquanto a população com mais de 65 anos dobrou numericamente, a quantidade de crimes cometidos por idosos foi multiplicada por cinco. Já em 2012, o porcentual relativo ao número de acusados pela Justiça que acabaram presos na faixa etária mais elevada era de 8,8%. Por volta de 2002, esse número não passava de 3,6%.

A explicação para este fenômeno está amparada na mescla de variáveis econômicas e sociais. Com a população vivendo até idades mais avançadas, muitos japoneses mais velhos seguem para segundas ou terceiras carreiras a fim de obter sustento. Dificilmente consegue-se, contudo, um cargo condizente com o que se tinha antes. No país vigora o sistema de remuneração por senioridade (isto é, os salários são cada vez mais altos quanto mais velho for o profissional), e, com isso, o custo de contratação de profissionais seniores é muito elevado. Isso significa tanto uma perda de poder de compra quanto de prestígio, os quais, associados à crise econômica atravessada pelo país nas últimas décadas, tem aumentado a pobreza entre idosos, bem como gerado um incômodo deslocamento social.

Além disso, a perda do papel social e o isolamento do idoso têm sido agravados pelas relevantes transformações culturais no país. O idoso japonês usufrui, tradicionalmente, de grande respeito e reverência entre os mais jovens, o que faz com que os jovens cuidem dos idosos. Tal modelo era facilitado pelo fato de a casa japonesa ser, comumente, intergeracional. No entanto, com a entrada cada vez mais substancial da mulher no mercado de trabalho e com o número cada vez maior de idosos vivendo independentemente de suas famílias, em instituições de longa permanência, a tradição de cuidado e proximidade entre as diferentes gerações familiares fica mais difícil de ser mantida.

Baseando-se em evidências como uma forte tendência à reincidência no comportamento criminoso entre idosos que cometeram pequenos delitos logo após terem sido soltos e no aumento da pobreza nessa faixa etária, muitos analistas no país acreditam que o aumento da taxa de criminalidade pode estar associado ao fato de a prisão ter se tornado um lugar mais interessante aos mais velhos que suas próprias residências: lá, estão confortáveis (no ano de 2008, o governo japonês se viu gastando algo em torno de 8,3 bilhões de ienes para criar cadeias adaptadas às necessidades dos idosos), mais bem alimentados e mais próximos de uma rede de relações que não mais possuíam em suas vidas.

Silver Valley francês: a longevidade a serviço do desenvolvimento econômico

O furacão econômico de 2008 derrubou muitos grandes players mundiais. Diante dessa crise, a tendência de vários segmentos sociais de carimbar as aposentadorias como um dreno de recursos, já usual mesmo em cenário mais estáveis, apenas se acentuou. A França, país onde o Estado tradicionalmente é marcado pela oferta de robustas políticas sociais, viu uma revolta popular se iniciar contra a medida proposta pelo governo Sarkozy, qual seja, o aumento da idade mínima para se ter acesso à aposentadoria (de 60 para 62 anos). Tal embate se deu em 2010, ou seja, em meio ao enfrentamento do fantasma da crise, que, ainda recente, pairava sobre a cabeça da população francesa e seus governantes.

Pois foi justo dessa França em luta para erguer-se da crise que, posteriormente, surgiu uma proposta original para gerar dividendos da longevidade e, com isso, injetar ânimo na economia, sem apelar à limitação dos benefícios sociais. É lá que vem sendo gestado o *Silver Valley*, polo de negócios, pesquisa e desenvolvimento de soluções e produtos focados no envelhecimento com qualidade de vida.

Empresas, laboratórios de pesquisa, universidades e demais players necessários para criar um ambiente de negócios favorável ao desenvolvimento do segmento *age-friendly business* estão se reunindo em uma área próxima à Paris. Trata-se de uma aposta na economia da longevidade, isto é, na tese de que o atendimento às necessidades do idoso possa desempenhar uma função de propulsão da economia. Desde 2013, já havia empreendimentos em funcionamento, gerando empregos de forte valor agregado e riqueza. Mais recentemente, no começo de 2014, a gigante Microsoft passou a constar da lista de participantes do Silver Valley.

Um clima de inovação aberta e de *cross-pollination* entre os diferentes segmentos dá o tom do Silver Valley. Não é sem razão que a iniciativa fala em um "ecossistema de instituições parceiras", gerando uma "dinâmica territorial de desenvolvimento". Tal proposição implica, inclusive, contar com a participação dos próprios gerontolescentes, como Kalache propõe chamar os idosos contemporâneos, no desenvolvimento e teste de produtos e soluções. O Silver Valley inova, portanto, por apontar uma saída para a dura situação econômica que vem se arrastando ao longo dos anos, mas também por empoderar aqueles que são o foco da iniciativa, no melhor estilo "*Nothing about us without us*".

Portugal: criando soluções para não morrer de velho

Como os demais países europeus, Portugal encontra-se entre as nações com maior número de idosos do mundo, proporcionalmente. O país já tem atualmente em torno de 20% da população com mais de 65 anos, e a tendência é que esse valor suba substantivamente nas próximas décadas. Com a atual taxa aproximada de 1,4 filho por mulher, e a perspectiva de acréscimo de expectativa de vida, ao nascer, de 76,4 anos para 80 anos, no caso dos homens, e de 82,3 para 86 anos, no caso das mulheres, até 2030, os portugueses têm se questionado: Pode o país morrer de velho?

A pesquisa de prospectiva de cenários "Os portugueses em 2030", da Fundação Manuel Francisco dos Santos, na qual a pergunta foi lançada, diz que não necessariamente. Ainda assim, têm se tornado frequentes casos de idosos encontrados mortos em suas residências, o que denota a delicadeza das particularidades do processo de envelhecimento populacional. Há um relato de 2010 que deu notícia de terem sido encontrados 9 mortos em 12 horas, 7 homens e 2 mulheres. Com o perfil demográfico mais velho da nação, torna-se cada vez mais comum, entre idosos, a habitação solitária (em 2012, cerca de 400 mil idosos portugueses viviam sós) ou monogeracional (também para dados daquele ano, 804 mil viviam em companhia exclusiva de outros idosos).

Uma iniciativa que surgiu para lidar com a questão do isolamento dos idosos, que, como vimos, é comum ao caso japonês, é o Projeto Aconchego, na cidade de Porto, cidade que recebe grande afluxo de jovens oriundos de outras localidades, por conta da estrutura universitária disponível. Assim, a proposta consiste no alojamento dos universitários em habitações de idosos que vivam só ou em casal. Os jovens são recebidos gratuitamente ou podem ter uma pequena participação nas despesas de água e energia. A questão da solidão dos mais velhos é combatida resolvendo-se ao mesmo tempo a necessidade de alojamento dos jovens que vão ao Porto em busca de estudos.

Outra experiência interessante em Portugal, não específica à questão da solidão dos idosos, mas que também a tangencia, é o projeto Cit-a-pe, liderado por instituições governamentais e universitárias de Lisboa, Coimbra, entre outras cidades. O objetivo é tornar as cidades mais amigáveis ao trânsito a pé, o que é favorável não só ao idoso, mas a todas as idades. No entanto, para a faixa etária mais velha, poder caminhar com tranquilidade nas ruas pode ser um importante diferencial no sentido de não se restringir aos interiores das casas, favorecendo o espaço público como lugar de socialização.

O que as experiências relatadas podem nos ensinar no Brasil? Embora essa pergunta seja um corolário natural do texto, é preciso atentar para o fato de que há um limite para a transposição de modelos entre cenários distintos, dadas as circunstâncias em que se dá o desenvolvimento do envelhecimento populacional em cada um dos países. Ainda assim, de nada adiantaria ter se debruçado sobre esses casos se não pudéssemos, a partir deles, extrair algumas lições. E o que primeiro se evidencia, pois, dos distintos cenários de envelhecimento populacional que apresentamos é que se trata de um quadro de *mudanças*. Aqui, assim como nos países que nos servem de modelo, isso é verificável, por exemplo, nas mudanças demográficas, sociais, epidemiológicas, financeiras, entre outras.

Em seguida, em se tratando de um cenário de mudanças, é evidente que há nele *riscos e oportunidades*. Certamente, entre os *riscos*, estão os possíveis altos custos financeiros de se ter de oferecer cuidados por longo prazo a um número muito grande de idosos. Em 2013, rendeu fama (e muitas críticas) a afirmação do então Ministro de Finanças japonês, Shinzo Abe, de que "Os doentes idosos deveriam morrer para poupar o Estado". No caso brasileiro, o relatório do Banco Mundial, "Envelhecendo em um Brasil mais velho", confirma a preocupação com o aumento dos gastos públicos em saúde, citando os cuidados com idosos como um dos maiores desafios fiscais das próximas décadas.

Por outro lado, sabe-se que a adoção de um estilo de vida saudável ao longo do curso da vida pode evitar gastos muito elevados com saúde na velhice. Novamente, o caso do Japão é ilustrativo: mesmo tendo uma população bem mais idosa que, por exemplo, os Estados Unidos, a despesa total de saúde naquele país é de 9,3% do PIB, ao passo que, neste, a soma chega a 18%. Em boa parte, isso se deve aos bons hábitos de vida dos japoneses, frente aos dos norte-americanos. Nesse aspecto, pelo menos em matéria de diretrizes conceituais, o Brasil caminha bem, com a estratégia de Saúde da Família do Ministério da Saúde, que valoriza o modelo de assistência focado na prevenção e promoção da saúde, já em vigor há muitos anos.

Ao mesmo tempo, mantendo-se saudáveis (os cidadãos japoneses vivem, em média, 74,5 anos de vida saudável, consideravelmente mais que os 70 anos dos norte-americanos), os idosos podem continuar contribuindo ativamente por mais tempo com suas comunidades, se não formalmente empregados, cumprindo uma série de outras tarefas, como cuidando das gerações mais novas, realizando trabalho voluntário etc. Em outras palavras: o envelhecimento ativo, isto é, com saúde, participação e segurança para os idosos, constitui-se numa *oportunidade*. Também no Brasil, a participação dos idosos na sociedade se mostra fundamental, inclusive desempenhando importante papel na economia, já que 63,5% deles, segundo dados do Censo 2000, são chefes de família (muito embora isso se dê em condições de saúde não tão favoráveis quanto a dos japoneses ou mesmo a dos americanos).

Ainda quanto aos possíveis altos custos da longevidade, há a questão, já abordada na exploração do caso francês, da penalização dos benefícios sociais, particularmente as aposentadorias. Não se trata de argumentar que reformas no sistema previdenciário não possam de fato ser necessárias ou mesmo justas. Basta pensar, tendo em mente o Brasil, no caso das "filhas solteiras" de funcionários públicos (mulheres que, mesmo tendo um relacionamento estável, não se casam formalmente, para manterem o direito à pensão). Eventualmente, mesmo o aumento do tempo de contribuição pode ser necessário e justo.

O *risco*, de natureza simbólica, reside no automatismo mental que muitas vezes associa de forma apressada e necessária as variáveis "aposentadorias", "idosos" e "recursos desperdiçados". Sem fazer um julgamento sobre se tal associação caracterizou ou não o caso francês, fato é que, em meio à crise econômica, a atitude do governo foi de tolher o acesso ao sistema previdenciário. Quanto à reflexão sobre a adequação da medida, cabe argumentar primeiro que há evidências em muitos países, certamente no Brasil, de que os idosos transferem riqueza para as gerações mais jovens. Ou seja, a contribuição financeira dos mais velhos, em muitos casos oriunda das aposentadorias, retorna à sociedade, não se constituindo em "desperdício".

Além disso, olhando especificamente para o Silver Valley, vemos o quanto a questão do *mind-set* vigente é fundamental para abrir oportunidades, pois o projeto ainda nem está em plena operação, mas permitiu que os diferentes agentes envolvidos (governo, empresas e sociedade civil) se reunissem para apostar no envelhecimento como uma *oportunidade* para geração de recursos, e não uma fonte incontrolável de gastos. Quanto à tomada de uma atitude como essa, o Brasil ainda está bem distante, uma vez que tratamos frequentemente o envelhecimento como uma questão exclusivamente da alçada da saúde ou assistencial. Isto é, não só há pouco conhecimento sobre o potencial econômico de se atender às demandas dos segmentos etários mais velhos como o escopo da questão do envelhecimento é reduzido a um problema de natureza específica dentro da sociedade.

Para o futuro próximo, expandir desde já a discussão para além da insustentabilidade previdenciária ou dos gastos excessivos com saúde será de fundamental importância para que possamos lidar adequadamente com os desafios do envelhecimento. Por exemplo: Como pensar a questão das cidades, uma vez que os idosos habitarão cada vez mais nos centros urbanos? Mobilidade, disponibilidade de áreas verdes, segurança, redes de contato social, acessibilidade nos prédios e construções, inclusão digital, todos esses são aspectos que precisam ser associados à temática do envelhecimento. Os exemplos trazidos de Portugal, Projeto Aconchego e Cit-a-pe, são ilustrativos dessa discussão. Felizmente, aos poucos os diferentes agentes brasileiros também vão se mobilizando. Sem entrar no mérito da avaliação dos resultados obtidos, são dignos de nota a criação, pelo governo do Estado do Rio de Janeiro, de uma Secretaria específica para assuntos ligados ao envelhecimento, e a assinatura, pelo governo do Estado de São Paulo, do compromisso de se tornar um estado amigo do idoso. A realização pelo Bradesco Seguros do Fórum da Longevidade e a iniciativa Itaú Viver mais são algumas das amostras da absorção do tema no âmbito privado.

Um ponto ainda praticamente intocado na discussão local do envelhecimento e que já tem representatividade em outros países – a própria existência do Silver Valley na França é prova disso, sem falar em vários exemplos que poderiam ser citados do Japão – é a participação das tecnologias como facilitadoras da autonomia do idoso. Minha impressão é que aqui, mesmo com um relevante crescimento do reconhecimento da questão da longevidade na esfera pública, ainda há tanto a se caminhar nos quesitos mais básicos, que falar em *e-autonomia* soa muito longínquo, mesmo para profissionais da área. Até serviços que podem ser relativamente simples, como de teleassistência, têm poucos players. Mas a necessidade existirá, criando a oportunidade, de modo que, com o tempo, as tecnologias poderão desempenhar papel relevante no cuidado e atenção ao idoso também aqui.

Como argumentação final, creio que a realização de um exercício de futuro é pensar sobre o possível. No relatório "The Future Quotient", publicado em 2011, a consultoria de sustentabilidade Volans, de John Elkington, propõe um índice para medir o *future-readiness* de instituições, isto é, quão preparado estará determinado agente para acomodar, com suas estruturas sociais e técnicas, o melhor de todos os futuros possíveis. No caso do envelhecimento populacional, assim como em todos os outros tópicos deste livro, reside nisso o fator determinante para definir o que será dos 30 anos a mais de vida que teremos de nossos avós, ou seja: como viveremos nossa gerontolescência.

Antonio Leitão é bacharel em Psicologia e especialista em Geriatria e Gerontologia. Embaixador da rede global Aging 2.0, de empreendedores focados em longevidade e cuidados de longa duração, em São Paulo. Contribui voluntariamente para o portal de inovação em saúde Empreender Saúde, escrevendo sobre envelhecimento e longevidade.

Perguntas para você

- *Como nós e a sociedade e podemos valorizar o potencial dos trabalhadores mais experientes?*
- *Que propostas de valor a organização tem para pessoas com mais de 45 anos?*
- *Que novas oportunidades e riscos podemos identificar para nossas organizações na realidade apresentada?*

O código ousado do transumanista ganhará espaço. Esse é um fato inevitável e inegável. Está embutido na natureza antidemocrática da tecnologia e no nosso próprio progresso teleológico evolutivo. É o futuro.

ZOLTAN ISTVAN
Escritor, futurista, filósofo e transumanista americano

O TRANSUMANISMO, A RAÇA HUMANA E O COSMOS

Luís Gustavo

Desde o princípio dos tempos, o homem busca a eternidade. Na epopeia épica de Gilgamesh, afirma-se que a eternidade é guardada apenas para os deuses, e que o homem nunca poderá ser bem-sucedido nessa busca, encontrando apenas a morte e o fracasso nesta jornada além do conhecimento humano.

Temos gravado em nossos códigos genéticos e culturais a busca pela sobrevivência, sendo que os mitos sempre nos ensinaram que a eternidade estava além do alcance humano. O homem sempre buscou, na sua trajetória evolucionária, superar limites, e, nas últimas décadas, com o avanço da medicina e da tecnologia, o tempo médio de vida de um ser humano vem aumentando consideravelmente. Hoje, um humano comum pode viver em torno de 80 anos de maneira aceitável, e podemos ver casos de pessoas que vivem até 120 anos.

Mas essa é só a ponta do iceberg, pois, com os avanços singulares na área da medicina e genética, esse tempo pode aumentar em escalas que ainda nem sonhamos. Essas melhorias genéticas podem nos levar a uma nova raça humana, uma raça que chamaremos de transumana.

O transumanismo é uma filosofia emergente que analisa o impacto da evolução tecnológica na condição humana e seus dilemas éticos e filosóficos. Com o avanço tecnológico o homem poderá conquistar a eternidade e expandir sua consciência para domínios que ainda nem imaginamos.

A história da raça humana no planeta Terra data de alguns milhares de anos, mas só agora nossa tecnologia começa a mostrar sinais de que podemos expandir nossa consciência para domínios fora do nosso corpo biológico. Várias religiões ao redor do mundo sempre notaram que a alma ou espírito já seria eterno, e nosso corpo biológico seria apenas um veículo controlado por essa consciência já transumana.

Em um universo conhecido pela ciência com uma idade de aproximadamente 15 bilhões de anos, e com alguns trilhões de planetas como a Terra, podemos especular que várias civilizações surgiram e evoluíram, chegando a dilemas éticos que apenas agora começamos a enfrentar. Qual seria o impacto de seres humanos que pudessem viver alguns milhares de anos, transportando suas consciências por clones melhorados geneticamente?

Estaríamos criando uma raça muito superior, adorada como os deuses mitológicos? Qual seria o papel desses indivíduos em uma sociedade futura marcada pela rápida expansão tecnológica? Seriam eles os colonizadores de outros planetas, atravessando o cosmos em suas naves assim como os primeiros colonizadores da América do Sul em suas embarcações?

Apesar de parecer enredo de ficção cientifica, essas perguntas estão sendo levadas muito a sério por vários pesquisadores ao redor do mundo, sendo um deles o Dr. Ray Kurzweil, fundador da Universidade da Singularidade e Diretor de Inteligência Artificial da Google. A singularidade tecnológica seria um evento futuro muito próximo, no qual a inteligência artificial ultrapassaria a inteligência humana, alterando radicalmente a natureza humana e a nossa civilização. Para discutir todos esses dilemas éticos e morais, Dr. Ray Kurzweil fundou uma universidade especificamente para preparar líderes do mundo inteiro, para esse cenário que muitos acreditam estar bem próximo.

Hoje o planeta Terra passa por crises de dimensões globais, como fome, pobreza, poluição, meio ambiente e finanças, e a tecnologia bem aplicada de maneira ética ajudaria a resolver todos esses problemas. Mas podemos ir um pouco mais longe e imaginar cenários nos quais já teríamos resolvido todos os nossos problemas atuais, e nossa grande preocupação seria com nossa eternidade no cosmos.

Uma raça transumana que atingisse a singularidade teria o poder de criar vida e universos, manipulando toda matéria a seu alcance, e notadamente iria se autorreplicar. Como o conceito de espaço/tempo poderia ser diferente do atual, bilhões de anos poderiam significar segundos e vice-versa.

Após criar o universo, ela espalharia o código genético da vida através das galáxias e a vida surgiria nas mais diversas formas ao longo do universo. Algumas raças atingiriam tal ponto de evolução que conseguiriam ter o poder de criar outros universos a partir do código original, e assim sucessivamente.

Robôs orgânicos estariam em processo de evolução espalhados por milhares de planetas. Nosso DNA, como conhecemos hoje, desde o princípio parece ter sido programado e sintetizado para isso. Podemos notar que o código genético é praticamente igual entre todos os seres vivos do planeta Terra. Uma biblioteca inteira da vida chegaria em um planeta por pequenas moléculas de DNA, e todo o processo de evolução começaria. É como semear um campo, só que em termos universais. Algumas raças nasceriam, outras morreriam. Outras evoluiriam enquanto outras se autodestruiriam no processo. Um sistema de criação de universo e vida autorreplicável, pois todo o código original da vida e da criação está contido em cada nova espécie. E, depois, o caos e o espaço/tempo tomariam conta da evolução. Um sistema perfeito e sublime.

Uma tecnologia divina mencionada em obras religiosas das mais diferentes crenças dos últimos séculos, mas explicadas com palavras e figuras de linguagem tradicionais, que já começa a soar bem real e factível considerando o avanço tecnológico previsto. Seria o gênesis bíblico uma grande história de engenharia genética?

Nossa civilização se aproxima a passos rápidos de um ponto no qual deveremos decidir se vamos restaurar todo nosso planeta para uma condição divina pelo uso da tecnologia ou se continuaremos presos em nossos preconceitos e sistemas arcaicos de crenças, que nos possibilitam enxergar qual é a verdadeira condição humana.

Você está pronto para isso?

Luís Gustavo é empreendedor em série e transumanista, apaixonado por tecnologia, ciência, história, ioga, línguas, música, arte, espaço e biotecnologia.

Perguntas para você

- *Se grande parte da sociedade vivesse mais de 100 anos, como ela seria?*
- *Nossos funcionários e clientes querem viver tanto tempo? Por quê? Por que não?*
- *Que novas oportunidades e riscos podemos identificar na visão apresentada?*

Receio estarmos começando a nos projetar para combinarmos com modelos digitais de nós, e me preocupo com o fim da empatia e humanidade nesse processo.

JARON LANIER

Escritor, cientista da computação e compositor norte-americano

O MUNDO DA EMPATIA

Norman Wang

Vivemos em uma época com acesso sem precedentes à informação e à tecnologia. À nossa volta, as tecnologias desenvolvem-se em um ritmo alucinante. Demorou 93 anos para irmos do automóvel para o voo motorizado, mas apenas 43 anos até fazermos o primeiro voo espacial. Na mesma linha: o rádio levou 38 anos para atingir um público de 50 milhões de pessoas, a televisão levou 13 anos, mas a internet levou apenas quatro. Todos os dias, a tecnologia ao nosso redor muda e move os motores do progresso, impulsionados pela relação recíproca entre o avanço tecnológico e a demanda do consumidor, como uma espécie de perpétua máquina de Rube-Goldberg.

A maioria das empresas do setor desempenha o papel de participante passivo nessa corrida tecnológica, sempre às voltas com conceitos como abrir janelas de oportunidade, ser a primeira a colocar o produto no mercado e lutar contra o estado da arte. Um dos meios mais eficazes de manter uma posição sustentável neste cenário tecnológico em constante mudança é por meio de inovações para os mercados emergentes, criadas pelas novas tecnologias ou tendências sociais.

De todas as tendências sociais, sem dúvida, a força motriz mais poderosa no futuro previsível é o envelhecimento. Graças a um melhor padrão de vida, qualidade e disponibilidade dos serviços de saúde, bem como uma série de outros fatores sociais, estamos estabelecendo novos recordes a cada dia para a população humana mais velha da história. Em 2030, estima-se que 950 milhões de pessoas vão precisar de algum tipo de atendimento específico relacionado com o envelhecimento, tornando os cuidados com ele uma das maiores forças motrizes na futura economia global. Os cuidados com os idosos também são uma das indústrias mais conservadoras em termos de adoção de novas tecnologias, o que a define como um mercado emergente pronto para acolher inovações tecnológicas. Mas, como sempre, a pergunta mais pertinente aqui é: Como?

A boa inovação começa com as perguntas certas. A identificação de um problema com um mercado ou dentro de uma organização significa explorar o "porquê", que leva diretamente a um motivo comercial, que impulsiona a inovação. Ou seja, toda a inovação deve resolver um problema – seja porque nos permita realizar algo de forma mais eficiente ou porque aborde problemas sem soluções que já existam –, seja ele com orientação técnica, como o acesso à informação e interconexão, ou com orientação de negócios, como produtividade e tomada de decisão. Ter o foco na solução não só confere à inovação um senso de propósito, como também garante, desde o início, um produto viável no final do projeto.

Após ter assegurado que a inovação começa com uma visão firmemente alinhada a um contexto prático, podemos voltar a atenção para aquilo que estamos criando. E, o mais importante, como vamos criá-lo? Voltando à questão da inovação nos cuidados com os idosos, seguindo o processo estabelecido, o primeiro passo é identificar uma queixa que possa ser solucionada pela inovação.

Em 2012, a Alzheimer's Australia Vic, instituição de caridade e principal entidade para as pessoas portadoras de demência no estado de Victoria, entrou em contato conosco, Opaque Multimedia, estúdio multimídia especializado no uso de tecnologias de videogame em campos inovadores, para ajudá-los a criar uma ferramenta que melhorasse a resposta empática dos cuidadores de portadores de demência. Aqui temos uma queixa claramente identificada, em um segmento com enorme potencial, em uma área que pode se beneficiar significativamente de inovação tecnológica e, agora, estamos em busca de uma solução.

Muitas vezes, é fácil para a organização ficar presa na novidade de sua inovação e não perceber que existem soluções prontamente disponíveis em áreas tangencialmente ou inteiramente independentes e que, para inovar, não é preciso desenvolver a solução a partir do zero. Esse é um processo que requer profunda e aguçada conscientização das tecnologias atuais e emergentes, bem como de suas respectivas aplicações, de forma que tecnologias aparentemente distintas possam ser combinadas em algo maior que a soma das suas partes. Para nós, a solução foi uma combinação de sistemas de treinamento de realidade virtual (RV), projeção imersiva e interfaces de movimento natural com base sólida tanto na pesquisa acadêmica quanto na experiência prática de prestação de cuidados com a saúde. E, assim, surgiu a Experiência Virtual de Demência (VDE, Virtual Dementia Experience).

A VDE é uma simulação de realidade virtual imersiva projetada para promover a compreensão empática da demência. Ela simula alguns dos distúrbios cognitivos, de coordenação motora e de percepção que podem ser vivenciados por um portador de demência. Atualmente instalada no Centro de Aprendizagem sobre Demência Perc Walkley, em Melbourne, na Austrália, a VDE aproveita os recursos imersivos da tecnologia de realidade virtual e do imediatismo das interfaces de movimento natural para colocar os usuários na pele de um portador de demência.

Embora os sistemas de treinamento com VR existam há cerca de 30 anos, sua adoção em outras disciplinas é limitada, e não há exemplos conhecidos do uso de tal sistema no âmbito de cuidados de idosos. Além disso, o sistema é uma mudança considerável não só de como o treinamento é tradicionalmente ministrado na área de cuidados com idosos, mas também como os sistemas de treinamento de realidade virtual são normalmente utilizados.

Nesse sentido, a VDE é uma inovação significativa porque se trata do primeiro sistema do tipo no mundo e vem com todos os riscos e benefícios associados a um produto pioneiro na adoção de novas tecnologias.

Desde o lançamento, em outubro de 2013, a VDE recebeu muitos prêmios e elogios, incluindo uma recomendação do Comitê Permanente do Senado Australiano para Assuntos do Consumidor e o iAwards 2014, principal prêmio de inovação do ICT na Austrália. Esses endossos só fortalecem os esforços do Alzheimer's Australia Vic para inovar em um setor altamente conservador, bem como a eficácia da solução que criamos. Para nós, é também uma validação de nossos esforços para demonstrar a versatilidade da tecnologia de jogos e de outras tecnologias aplicadas ao consumidor para uso em outras áreas além do entretenimento.

As inovações estão sujeitas a diversos parâmetros, e é preciso uma equipe altamente preparada e experiente, com uma variada gama de talentos, para concretizar um projeto de inovação. Isso geralmente traduz-se em uma quantidade significativa de risco e dúvidas para uma organização. No entanto, ao adotar o foco na solução, podemos mitigar grande parte do risco, tanto quanto possível, garantindo a viabilidade do negócio de um projeto de inovação. A Experiência Virtual de Demência é apenas um exemplo de como uma consciência aguçada sobre o problema pode ser combinada com um alto nível de conscientização e expertise e com tecnologias emergentes para criar algo inovador e, o mais importante, viável. Com a profusão de novas tecnologias surgindo à nossa volta todos os dias, é importante perceber que, enquanto a novidade pode tornar ótimos os bons produtos, a novidade por si só tem pouco valor intrínseco, e as organizações nunca devem promover inovações apenas como um fim em si mesmas.

Norman Wang é cofundador e "art lead" na Opaque Multimedia, empresa de produção multimídia sediada em Melbourne e especializada em aproveitar tecnologias inovadoras desenvolvidas para jogos de entretenimento e videogames e explorar as maneiras em que podem ser usadas em outras áreas.

Perguntas para você

- *Que relação empática existe entre nossa empresa e nossos clientes?*
- *Como o progresso dos Mundos Virtuais afetaria nossa oferta de valor?*
- *Como os Mundos Virtuais e o conceito de empatia mudariam a forma como a nossa organização se relaciona interna e externamente?*

*As melhores e mais belas coisas do mundo não podem ser vistas e nem tocadas.
Elas devem ser sentidas com o coração.*

Helen Keller
Escritora, ativista política e conferencista americana

OS BELOS NEGÓCIOS DO FUTURO

Jeffrey Tjendra

Dizem que a beleza está nos olhos de quem vê. A beleza é atribuída a pessoas, objetos e situações que trazem prazer. Se isso for verdade, no mundo dos negócios, o prazer nos olhos de quem vê é a experiência que os clientes têm quando interagem com uma marca. Um negócio que proporcione experiências que evocam consistentemente o sentimento de prazer ao estimular os sentidos dos clientes com emoções positivas será um negócio belo.

Filósofos como George Santayana e Tomás de Aquino foram alguns dos pioneiros a explorar o conceito de beleza e compreender o que constitui a beleza: como ela é por si só. A filosofia de beleza não pertence só ao reino da estética, mas também está presente no mundo dos negócios, conectada pelo design. Thomas Auinas, filósofo do século XIII, afirmou que a beleza tem três qualidades: integridade, harmonia e luminosidade. Um negócio que proporciona experiências prazerosas aos clientes é um negócio belo porque possui todas as três qualidades. Beleza para o negócio significa o alinhamento dos silos e a sincronização de seu processo interno para oferecer experiências de marca que deem prazer aos clientes e que evoquem emoções positivas. A beleza é conectada pelo design por meio dos princípios e elementos de design que avaliam o grau de beleza de um negócio. As empresas que procuram ganhar vantagem competitiva pela diferenciação precisam estar ciente das qualidades de beleza para orientá-las na elaboração de uma estratégia e sistema de gestão capazes de entregar ofertas e experiências diferenciadas. A ideologia de vencer pela diferenciação não é nova. No entanto, o que vem evoluindo é a forma como a empresa está estruturada internamente no seu *back-end* para criar diferenciação de valor para o *front-end*. Ela está evoluindo por meio do amadurecimento da tecnologia, mudando o comportamento do consumidor e as prioridades organizacionais. O jogo é o mesmo, mas a forma de vencê-lo é diferente.

O futuro dos negócios está ligado à evolução do papel do design. O design agora influencia a forma como as empresas pensam e operam – passou de uma ferramenta estética, conectada no final do processo de negócio, a uma ferramenta estratégica no núcleo da organização. O papel do design no negócio vai além da criação de beleza como um fim, criando-a como um meio. A média é o sistema interno de estrutura, processo, políticas, modelos de negócios e cultura. A beleza como um meio para um fim é um negócio belo, e não apenas um produto belo.

A noção de beleza tem três qualidades que determinam seu sentido: integridade, harmonia e luminosidade. São indicadores de sucesso do que confere beleza a um negócio que oferece experiências que encantam o cliente.

1. Integridade é a coerência de valores, princípios e padrões. No mundo dos negócios, a integridade é a consistência que transforma a visão, propósito, valores da marca, métodos e princípios em ações, expectativas e resultados.
2. Harmonia é a combinação e disposição de elementos distintos para produzir uma estética agradável. Nos negócios, a harmonia é a coordenação de pontos de contato para oferecer uma experiência de operações de back-end por meio de um processo integrado com silos.
3. A luminosidade brilha forte, mostrando uma qualidade estética do prazer. Nos negócios, a luminosidade abrange as ofertas de valor, marcas e estratégia diferenciadas que possibilitam à vantagem competitiva conquistar participação de mercado e *mind-share*.

No futuro, as empresas se tornarão belas, exibindo todas as três qualidades de beleza. Fazendo um paralelo com a evolução de uma lagarta para um casulo, até chegar a uma borboleta, a transformação de tornar-se belo é dividida em três etapas: pesquisa, produção e consumo. O que vai mudar no futuro são as abordagens usadas pelos negócios para entender o que é valioso para os clientes, como o valor é produzido e como será consumido. Com o aumento das expectativas dos clientes, as empresas terão de oferecer experiências de marca que evoquem emoções positivas com mais sentidos.

Como uma lagarta, as empresas precisam entender seus clientes, o mercado e as tendências. A necessidade de ter insights permanecerá a mesma, mas a forma de conduzir as pesquisas vai evoluir. Além de usar apenas técnicas quantitativas e convergentes, como pesquisas de opinião e grupos de foco, também usaremos técnicas qualitativas e divergentes, como etnografia, big data, prototipagem e planejamento de cenários. A etnografia permite a descoberta de necessidades não satisfeitas e desejos latentes, permitindo o entendimento profundo dos comportamentos, motivação e estilos de vida dos clientes. O big data, entretanto, será o mediador entre as pesquisas quantitativa e qualitativa, com a tarefa de coletar e sintetizar os dados em insights. A prototipagem permite que as ideias sejam validadas pelo mercado por processos de baixo risco de tentativa e erro feitos com os clientes. No futuro, as empresas irão adotar a abordagem de "falhar rapidamente" como modo de prototipagem. As crescentes disponibilidade e usabilidade e a redução do custo de impressão 3D e a virtualização permitem que os produtos e serviços sejam lançados antes mesmo que estejam prontos, para permitir que os clientes façam a cocriação com perfeição. O planejamento de cenários revela possibilidades sobre como os valores criados pelas empresas serão consumidos pela sociedade futura. A Geração Y vai se tornar a maioria da força de trabalho no futuro, e ela cresce observando as corporações impactadas pelas tendências. Por isso, um negócio belo vai se antecipar e se adaptar às mudanças.

Esses são os quatro instrumentos de pesquisa emergentes que serão o novo padrão para as empresas conduzirem suas pesquisas com os clientes. Pesquisas de opinião e grupos de foco falharam na tarefa de obter insights relevantes para produzir o valor que essas novas ferramentas serão capazes de revelar. O negócio belo do futuro vai estar ciente de ambos os tipos de técnicas de pesquisa e utilizará cada ferramenta de acordo com o caso, para identificar, validar, quantificar e qualificar insights.

Quando estão na forma de lagarta abrigada pelo casulo, as empresas devem produzir valores a partir dos insights gerados. A produção de valores mudará suas prioridades, dos valores dos acionistas para os valores dos clientes. As empresas de capital aberto entenderão que, para entregar valor aos acionistas, devem primeiro se concentrar na criação de valor para seus clientes por meio da inovação da marca. Isso significa que as empresas precisam gerar novos valores nas ofertas e experiências para os clientes, a fim de satisfazê-los continuamente, o que, em troca, gera fidelidade e receita. A forma como os valores são produzidos combinará tanto as abordagens de dentro para fora quanto as de fora para dentro. Uma abordagem de dentro para fora concentra-se na criação de ofertas de valor geradas internamente pelos funcionários e em grandes organizações no âmbito dos laboratórios de P&D. O conceito de "pensar fora da caixa" se mantém, posto que a abordagem de dentro para fora vai evoluir de pensamento científico dentro do laboratório para o *design thinking*, que se concentra na criação de valor fora do laboratório. É neste ponto que o design thinking pode ser acionado nas empresas. Design thinking é a abordagem de resolução de problemas de um designer com foco nos princípios centrados no ser humano, que valorizam a reformulação, etnografia, cocriação e prototipagem. Os conceitos de cocriação e prototipagem abrem todas as fases da produção de valor para o público e permitem que ele se torne uma voz ativa para influenciar como as ofertas de valor serão projetadas, por meio de atividades e artefatos como o feedback participativo, ensaio-piloto, hackathon (maratona de programação), plataforma de software e customização em massa. O que vai evoluir são os tipos de mídia disponíveis que possibilitam às empresas cocriar com seus clientes. Marcas como a LEGO facilitaram a cocriação com o LEGO Digital Designer – software CAD que permite aos usuários criar seus próprios brinquedos LEGO.

Depois de desenvolver-se dentro do casulo, surge a borboleta. Os valores produzidos são para serem consumidos pelos consumidores. Os valores são expressos como produtos, serviços e experiências. Estamos começando a ver mais empresas com foco no fornecimento de experiências para o usuário, com pontos de contato online e offline por diversos canais. A experiência de marca será abrangente, começando pelo espaço privado, com telas para divulgação de dados, desde smartphones a espelhos. Dispositivos inteligentes e móveis vão trocar dados entre si por meio da tecnologia de nuvem, medir os comportamentos dos clientes e antecipar suas necessidades. No espaço público, os dados recolhidos a partir de espaços privados, como a casa e escritório, serão usados para entregar uma experiência sob medida que antecipe as necessidades do usuário. As localizações do usuário serão o fator definitivo para as marcas entregarem serviços em telas, artefatos públicos e preparar funcionários para isso.

A experiência de marca é uma jornada que os clientes percorrem e que abrange três fases – pré-engajamento, engajamento e pós-engajamento. A maioria das empresas se concentra apenas na fase de "engajamento" e presta pouca atenção a como os clientes se engajam com a marca antes e depois desse engajamento. O que vai mudar é a crescente influência do pré e pós-engajamento para proporcionar uma experiência holística. Dentro de cada um desses três engajamentos, há pontos de contato ou pontos de interação entre uma marca e seus clientes. O surgimento de novos meios de comunicação, tais como telas, nuvem, itens que podem ser usados no corpo, e drones, serão mais influentes para os canais online e offline. Marcas como a Moleskine estão entregando uma experiência integrada de anotações com o Evernote, caderno que salva e categoriza conteúdo escrito online. Os valores produzidos por vários tipos de mídia por meio de diversos canais são o motor que entrega as experiências. O que define uma experiência que encanta o cliente dependerá de como os pontos de contato são coordenados e gerenciados pela sobreposição de canais online e offline em diferentes tipos de mídia. Conforme o tempo passa, a expectativa do cliente aumenta em cada experiência. As mudanças de estilo de vida ocorrem após as mudanças de comportamentos e de motivação. A nova tecnologia amadurece e causa perturbações semelhantes ao que o touchscreen fez com o iPhone em 2007. As empresas terão de saber como satisfazer às necessidades e aos desejos por diversos meios e utilizar a tecnologia em amadurecimento para definirem os valores a serem consumidos. As empresas precisam identificar as tecnologias em amadurecimento, traduzindo-as em novas mídias, coordenando as novas mídias em pontos de contato antes, durante e depois do engajamento. Isso é necessário para estruturar as operações de back-end para oferecer uma experiência de front-end. O design das operações de back-end só é possível com um mediador que conecte a criatividade e a lógica. Esse mediador é o design.

O constante é a mudança. As empresas estão mudando lentamente a forma como os insights são extraídos para produzir valores a serem consumidos. Há riscos ao fazer a mudança na direção de se tornar um negócio belo. Sem a mudança social, não é possível conceber um negócio belo a partir do back-end. O desafio não está no ponto de contato em si, mas em como os clientes estão enfrentando as transições entre os pontos de contato. No panorama mais amplo, as empresas devem estar cientes da possibilidade de serem impactadas por novas tendências e comportamentos sociais que estão rapidamente se tornando a nova norma. A Kodak não previu o surgimento da câmera digital e não conseguiu responder à mudança, o que levou ao seu declínio.

As empresas que se concentram em oferecer experiências para satisfazer às necessidades dos clientes e evocar prazer estão estruturando suas operações de back-end para garantir que as experiências planejadas sejam entregues. Quando isso acontece, estão aplicando as três qualidades da beleza: integridade, harmonia e luminosidade. Isso é importante porque as empresas estão ganhando vantagem competitiva por meio do design, oferecendo experiências como diferencial. Assim, as empresas devem se tornar belas para fornecer inovação da marca que evoque o prazer e, em última instância, gere lealdade, indicado pela participação de mercado e *mind-share*. Ser um negócio belo é o idealismo dos negócios no século XXI.

Jeffrey Tjendra é o Executivo Chefe de Design (DEO) da Business Innovation by Design, empresa na qual orienta organizações sobre como inovar e crescer. Jeffrey também é o COO da Kite & Canary, empresa de experiência digital especializada em saúde. Em parte criativo, em parte analítico, a paixão de Jeffrey está na pesquisa de novos paradigmas de conhecimento e na criação de novas ideias e modelos de negócios. Anteriormente, Jeffrey desempenhou várias funções como designer, pesquisador, futurista, estrategista e consultor na NBDA Asia, Singapore Polytechnic e Ambient Experience Lab. Ele já trabalhou com startups, PMEs e multinacionais que atenderam a clientes como MediaCorp, CapitaMalls Asia, Khoo Teck Puat Hospital, SickKids Hospital e Schneider Electric.

Perguntas para você

- *Nossa empresa é uma empresa bela? Por quê? Por que não?*
- *Que experiências percebidas a nossa organização gera?*
- *O que teríamos de mudar para transformar nossa organização em um negócio "belo"?*

Diga-me eu esquecerei, ensina-me e eu poderei lembrar, envolva-me e eu aprenderei.
BENJAMIN FRANKLIN
Inventor, diplomata e estadista

O QUE É MEU É NOSSO – *A SHARING ECONOMY*

Maria Paula Oliveira

Imagine um mundo no qual o acesso é mais importante que a posse. No qual pessoas trocam objetos entre si, produzem seus próprios bens e permutam seu tempo por bens produzidos por outros. Imagine um mundo em que pessoas fazem negócios com outras pessoas, e não com empresas.

Não, esse não é um trecho recém-descoberto da canção de John Lennon. Tampouco é um manifesto utópico anticapitalista ou retrato de comunidade secreta reclusa em uma floresta qualquer. Esse é o mundo da *sharing economy*, movimento que emergiu há pouco mais de cinco anos e vem ganhando força e desafiando os mais diversos (e tradicionais) modelos de negócios no coração do motor econômico norte-americano, o Vale do Silício.

Vivi nesse mundo por 75 dias. Em meados de 2013, recém-realocada para a região de San Francisco, Califórnia, deparei com um carro de bigode cor-de-rosa. Estranhei, mas achei que era moda local. Pouco depois, buscando moradia, uma amiga me perguntou, surpresa, por que eu ainda não tinha procurado no craigslist ou por que não usava um Airbnb enquanto não encontrava opção permanente. Mais tarde, quando voltei para casa carregada de sacolas do supermercado, um vizinho me sugeriu conhecer o Instacart, onde eu encontraria alguém para fazer as compras por mim. Para montar meus móveis, me indicaram um TaskRabitt especializado na tarefa. Em pouco tempo, me vi cercada de negócios que tinham em comum uma característica: eram plataformas tecnológicas que me conectavam com pessoas (não empresas) que iriam resolver meus problemas do dia a dia.

Intrigada, comecei a estudar sobre esse novo jeito de fazer negócios que está revolucionando importantes setores econômicos. Logo, entendi que, mais que ler a respeito da chamada *sharing economy*, eu precisaria vivê-la para ser capaz de entender sua real dimensão. Estava lançado o "The Sharing Experiment", experiência de ter, durante 75 dias, a economia do compartilhamento como a primeira opção para tudo que eu precisasse.

Também chamada *collaborative economy*, *peer-to-peer economy* ou *mesh economy*, a *sharing economy*, termo mais amplamente adotado, é tanto um fenômeno social como econômico. Ao mesmo tempo que ressuscita a intrínseca característica gregária do ser humano, que por milênios colaborou e trocou em comunidade, esse novo modelo alavanca o potencial da tecnologia da informação para conectar e empoderar indivíduos em um nível nunca visto desde que a revolução industrial estabeleceu a dinâmica empresa-pessoa, que impera até hoje.

Para entender o potencial de transformação da *sharing economy*, considere o caso do Uber, plataforma online que conecta pessoas que possuem carro com pessoas que precisam de transporte. Com menos de 5 anos, a empresa já opera em mais de 130 cidades em 40 países,[12] conectando centenas de milhares de motoristas (profissionais e amadores) com milhões de usuários. Criando 20 mil novos "empregos" por mês, Uber é um dos maiores destaques da *sharing economy*, principalmente depois que, em junho de 2014, recebeu o maior investimento já feito em uma empresa da nova economia: mais de US$1,6 bilhão, com um valor de mercado estimado em mais de US$18 bilhões,[13] tornando-se a startup mais valiosa do mundo. Isso sem ter ou administrar um único carro.

Assim como a Uber, a Lyft (cuja marca registrada é o tal do bigode cor-de-rosa), a Sidecar e a BlaBlaCar (no Reino Unido) também desenvolveram suas plataformas para competir no mercado do transporte. E a tendência atinge outros importantes setores. eBay, craigslist, Etsy e yerdel promovem a troca e comércio dos mais diversos bens e serviços; a Nextdoor recria online a tradicional vizinhança, a RelayRides populariza o aluguel de carros de quem

---

[12] Travis (2014).
[13] Mathias Brandt (2014).

viaja para quem está chegando; a Feastly transforma casas em restaurantes; a TaskRabitt desenvolve uma rede de prestadores de serviços; a Indiegogo e a Kickstarter substituem o banco pelo crowdfunding, e a Desks Near Me oferece espaços de *co-working* para empresas que não se importam em não ter sede própria. E isso é apenas uma pequena amostra de um universo estimado em mais de 9.000 (sim, nove mil) companhias[14] da *sharing economy* espalhadas por todo o mundo. A imagem a seguir ilustra a abrangência e diversidade desse movimento que está apenas no começo.

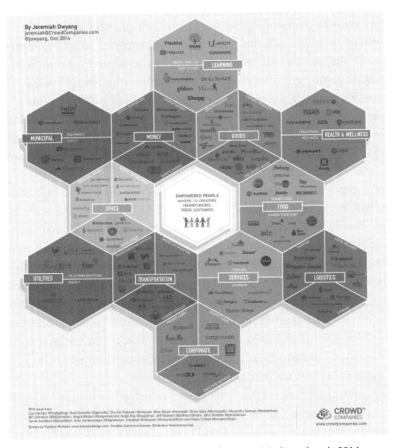

Fonte: Collaborative Economy Honeycomb Versão 2.0, dezembro de 2014.

Essas empresas não estão apenas rompendo as regras das mais variadas indústrias, com impacto econômico que ainda engatinha frente ao seu

---

[14] http://meshing.it/.

potencial. Elas estão também provocando ampla reflexão sobre a posse de bens. Havendo acesso rápido e eficiente ao que você precisa, faz mesmo sentido optar pela posse? Adicionalmente, esse novo modelo de negócios contesta padrões tradicionais de trabalho e emprego ao possibilitar fontes alternativas de renda nas relações pessoa-pessoa. Por fim, e ainda mais profundamente, a *sharing economy* estimula a revisão dos padrões de relacionamento humano em comunidade. A revolução é muito maior que parece.

Dois fatores primordiais para o desabrochar da *sharing economy* foram viabilizados por avanços tecnológicos: proximidade e confiança. Primeiramente, com sistemas com base em computação na nuvem e aplicações móveis, as plataformas estão estruturadas como *market places*, conectando pessoas que querem oferecer um bem ou serviço com outras que querem acessar esse bem ou serviço. Buscando reverter o estilo de vida característico dos grandes centros urbanos, que isola o indivíduo na multidão, desfavorece as interações pessoais e privilegia as relações entre consumidores e corporações, as empresas da nova economia usam suas plataformas para aproximar pessoas que dificilmente estariam em contato não fosse essa tecnologia. O craigslist, por exemplo, nos Estados Unidos apenas, sem considerar os demais 70 países em que a companhia opera, conecta, mensalmente, 60 milhões de pessoas para as mais diversas transações originadas por meio de 80 milhões de anúncios.[15]

A segunda grande barreira transposta pela tecnologia para favorecer o crescimento das relações interpessoais – base da *sharing economy* – é a desconfiança, outro sintoma dessa vida moderna que criou agrupamentos humanos, mas desestruturou o senso de comunidade. Como confiar no motorista do Lyft, taxista sem registro municipal? Como saber se o quarto alugado via Airbnb será tão bacana como nas fotos? Como abrir sua casa para oferecer jantar a desconhecidos? Esse último foi um de meus primeiros desafios no "The Sharing Experiment". No mesmo dia em que comecei a experiência, meu marido e eu fomos a um jantar organizado via Feastly, a plataforma que conecta chefs (profissionais e amadores) que querem servir uma refeição em sua casa com pessoas dispostas a fazer uma refeição na casa de outra pessoa, em vez de em um restaurante; no nosso caso, na casa da Amanda – uma completa desconhecida. E lá fomos nós, sem saber bem o que esperar. Duas horas depois, voltamos para casa. Barriga cheia, sorriso no rosto, resultado de uma agradabilíssima noite regada a vinho californiano e novas conexões – com Amanda e seus outros convidados. Falamos de profissões, viagens,

---

[15] http://www.craigslist.org/about/factsheet.

paixões. Falamos também da *sharing economy* e como estar ali era uma experiência nova e um pouco assustadora para todos, mas que havia sido possível graças ao processo de curadoria do Feastly de selecionar chefs e comensais.

Mais uma vez, a tecnologia foi fundamental para possibilitar a resolução dos desafios da nova economia. Com processos de curadoria, pontuações e referências dos membros de ambos os lados das comunidades, as plataformas buscam assegurar uma experiência positiva tanto para quem fornece como para quem acessa os produtos e serviços. A reputação online é a chave do relacionamento. Assim, o conhecimento e o poder, que desde a revolução industrial ficaram concentrados nas mãos das empresas, passam, na *sharing economy*, a ser compartilhados pelas pessoas no *market place*.

Logo depois da experiência na casa de Amanda, organizei um jantar em nossa casa. Em dois dias, todos os assentos disponíveis estavam vendidos. Para minha alegria... e desespero. Eu não tinha cadeiras suficientes! Vencendo o primeiro impulso da solução mais fácil, que seria adquirir novas cadeiras, usei a *sharing economy* para resolver meu problema. Via Nextdoor, rede social focada na conexão entre vizinhos, consegui, em menos de quatro horas, alguém que me emprestasse algumas cadeiras. Um vizinho que só conheci porque outro me contou sobre o Nextdoor.

Conforme o relatório "Sharing is the New Buying",[16] com base em pesquisa com 90 mil pessoas nos Estados Unidos, Canadá e Reino Unido, o boca a boca é a principal forma de disseminação das empresas da *sharing economy*, com 47% dos novos usuários vindo a conhecer as plataformas por recomendação de pessoas de seu círculo de confiança; pessoas essas que reportam 80% de satisfação com a qualidade e o valor das transações das quais participaram.

No entanto, todos esses benefícios não vêm sem uma contrapartida. Assim como ocorre com as inovações em geral e, mais especificamente, com aquelas que desafiam modelos tradicionais e poderosos, a *sharing economy* encontra muitas barreiras levantadas pelos players dominantes. Desafiar as regras que baseiam os negócios de grandes corporações resulta, quase invariavelmente, em acusações de ilegalidade, irregularidades tributárias, questões trabalhistas, entre outras. Com a mesma paixão com que uns advogam em favor do novo modelo econômico, outros pregam sua inadequação ao *status quo*.

---

[16] Jeremiah Owyang (2014).

Importantes corporações, no entanto, cientes de que inovar é o único caminho para sobreviver, estão fazendo o que todas deveriam fazer: abraçando, em vez de combatendo, a economia colaborativa.[17] A BMW, por exemplo, por meio do programa DriveNow, disponibiliza carros para aluguel por hora.[18] A Patagonia, fabricante de roupas outdoors, criou, em parceria com eBay, um *market place* para que pessoas troquem peças de vestuário usadas. A gigante GE abriu patentes tecnológicas para que usuários do Quirky usem em suas invenções. Segundo Jeremiah Owyang, um dos maiores especialistas mundiais em sharing economy, o coração da nova economia são as pessoas. Porém, para que seja um movimento sustentável, é fundamental que governos, órgãos reguladores e corporações estejam engajados em promover seu desenvolvimento.

Ainda que o movimento tenha seu epicentro na Califórnia, ambiente bastante propício a inovações, iniciativas de sharing economy têm surgido rapidamente em outros países. O Brasil, com seu povo de atitude calorosa e altíssima presença em redes sociais, é terra fértil. Plataformas como Homestay (hospedagem), Zazcar (compartilhamento de carros), Descola Aí (troca de bens e serviços), Catarse (*crowdfunding*), BeesOffice (espaço de *co-working*), são apenas algumas das mais de 100 iniciativas locais mapeadas no país.[19] O aumento do poder aquisitivo da população, somado à mentalidade favorável à aceitação de novos modelos de negócios, atraiu também os grandes nomes mundiais, como Airbnb, no país desde 2012, e Uber, desde 2014. Pesam contra a adoção mais veloz da tendência no país, porém, a desigualdade social, a violência urbana – e o consequente aumento da desconfiança – e o ambiente corporativo que ainda não favorece o espírito empreendedor e a inovação.

Independentemente do país, o principal valor gerado pela *sharing economy* vai além dos expressivos números das empresas envolvidas ou mesmo do impacto socioeconômico da geração de emprego e renda. O principal valor dessa nova economia está na redescoberta de si e do outro como partes do mesmo tecido comunitário. Com a aproximação e retomada da confiança proporcionadas pela tecnologia, as pessoas têm encontrado nas relações com outras pessoas uma fonte de interação muito mais carregada de significado do que a tradicional interação com marcas. Meu experimento na *sharing economy* acabou, mas deixou em mim o entendimento de que esse novo modelo transforma de maneira indelével a natureza de minhas relações pessoais e de

---

[17] Marcus Wohlsen (2013).
[18] https://de.drive-now.com/en/.
[19] http://meshing.it/search?utf8=%E2%9C%93&type=&query=brazil&commit=.

consumo. Existe uma alternativa ao consumismo e à impessoalidade que até então eram a regra de nossa sociedade. E essa alternativa é o ser humano ao meu lado.

Expert em Marketing, Estratégia e Inovação, com ampla experiência no desenvolvimento de negócios na América Latina e nos Estados Unidos, **Maria Paula** é apaixonada por provocar hoje as mudanças que vão gerar os negócios e a sociedade de amanhã.

Perguntas para você

- *Em que medida a nossa organização usa a força competitiva da colaboração?*
- *De que forma as soluções colaborativas influenciam a nossa oferta de valor?*
- *Que soluções colaborativas a organização pode oferecer agora e no futuro?*

PARTE III

A LÓGICA

A IMPORTÂNCIA DO VALOR

Vivemos na era do design centrado no humano. Mas o que ele está procurando? Uma imersão total no momento, perdendo a percepção do entorno?[1] Ou é um Erlebnis (experiência emocional), no qual os aspectos emocionais geram uma experiência e satisfação no momento? Talvez o que o defina seja o Erfahrung (experiência), iteração constante entre a percepção sensorial e os modelos mentais, que nos permite aprender algo novo. Ou não tem nada a ver com as emoções e só está relacionado com a resolução pragmática de problemas? O indivíduo está procurando enriquecer sua vida com novas experiências que gerem valor. Isso é, naturalmente, a mistura de todas as possibilidades mencionadas. E o predominante depende do contexto. A inovação centrada no ser humano não somente coloca o indivíduo no foco, mas capta também o contexto, os momentos e as experiências. Esses três elementos são fundamentais para qualquer sucesso presente e futuro do negócio. Ainda assim, existe uma grande diferença de percepção entre a organização e o consumidor. Um estudo que analisou 300 organizações[2] concluiu que 80% delas acreditam oferecer um serviço "superior". Por outro lado, apenas 8% dos seus clientes têm a mesma opinião. Qual é a razão da diferença de percepção? Não é que a organização não esteja investindo para entender melhor seus clientes. Das empresas *midmarket*, 80%[3] compartilham a opinião de que uma abordagem centrada no ser humano é fundamental, e 60%[4] delas vão formular uma estratégia específica para integrar com mais firmeza seu cliente aos processos de negócios do dia a dia. Então, onde reside o desafio? Em muitos casos, é uma interpretação equivocada do que realmente importa. Simon Sinek chama isso de "iniciando com por que", que gera a

[1] Adaptado de Mihaly Csikszentmihalyi (1975).
[2] James Surowiecki (2010).
[3] IBM C-Suite Study 2013.
[4] IBM C-Suite Study 2014.

identificação de valores além da qualidade ou do preço. Alvin Toffler e até mesmo Friedrich Nietzsche reforçam essa importância. Toffler argumentou, na década de 1970, que os conceitos de "produtividade" e "eficiência" não seriam mais suficientes em uma sociedade do futuro. Na opinião de Toffler, ambos deixam de ser válidos em uma realidade que se concentra na realização psíquica. Nas palavras de Nietzsche: "Aquele que tem um 'Por que' para viver pode suportar quase qualquer 'Como'", o que significa que descobrir o que realmente importa, promove engajamento e gera valor. Trata-se da exploração do porquê. Por que as pessoas vivem suas vidas do jeito que o fazem? Por que elas julgam, relacionam-se e acreditam nas coisas? Por que são felizes ou tristes?

É por isso que temos de manter a mente aberta quando investigamos as dimensões racionais e emocionais da geração de valor. Daniel Caline, neurocientista canadense, formula o seguinte: "A diferença essencial entre as emoções e a razão é que as emoções levam à ação, enquanto a razão leva à conclusão."[5]

Quando queremos explorar as razões de "por que" temos de ir além de conceitos e teorias e desenvolver uma compreensão mais aprofundada do contexto e do indivíduo como um todo.

Em um recente workshop realizado em uma organização com faturamento de bilhões de dólares, o objetivo foi diagnosticar os modelos de negócios de suas unidades principais e estimular o pensamento crítico. A discussão da Oferta de Valor de uma de suas unidades de negócios de maior sucesso, no entanto, mostrou-se ser um desafio. Os participantes tinham suas dúvidas sobre os verdadeiros fatores que motivam o "porquê". Metade dos executivos presentes empregava termos funcionais para discutir o propósito dos consumos com base no que a organização gera. A outra metade pensava que algumas das lógicas subjacentes, e principalmente a percepção sobre os clientes, estão ausentes. Essa situação de empate levou à decisão estratégica de investigar mais a fundo o verdadeiro "por que" do consumo.

E isso é realmente complexo. O consumo não foi criado apenas pelos produtos ou serviços satisfatórios que criam "utilidade". Para muitos clientes, as soluções orientadas à função já são demasiadamente comerciais, simplificadas, irritantes, e não despertam mais interesse suficiente. Eles pedem novos valores, expressos por experiências e novos propósitos que façam sentido. E

---

[5] Donald Calne (1936).

eles querem o apoio organizacional para poderem criar essas novas soluções. Se o fizerem, ambas as partes entram em um novo nível de relacionamento e troca de valor para o futuro.

Experiência, significado e encanto

Qual é o objetivo estratégico da sua organização? Em sua opinião, sua organização deveria gerar soluções, experiências, significado ou mesmo "experiência significativa positiva (*delight*)"?[6] Por quê?

Imagine que você tenha acabado de fazer o check-in em um hotel exclusivo na praia, um hotel de tirar o fôlego. Ao seu lado, está uma pessoa que você ainda não conhece, pela qual se sente bastante atraído, e que conhecerá mais tarde durante sua estadia. Ao abrir a porta do seu quarto, que tem uma vista deslumbrante para o vasto oceano, você se sente relaxado e imensamente feliz. Depois de um agradável jantar, você vai para a cama cedo, para poder explorar a beleza do local no início da manhã. E é então que tudo começa. Você não sabe como, mas há muitos mosquitos no quarto, e você os odeia. Você tem trauma de mosquitos e não consegue dormir quando estão à sua volta. Você começa a persegui-los, mas sempre aparece mais um. Você até pede para mudar de quarto, mas não há outro quarto vago. Você se rende e tenta dormir. Quando finalmente adormece, às 3 horas, está exausto e acorda tarde no dia seguinte. Seus braços e pernas estão cheias de picadas. Para espairecer, você abre a porta da varanda, olha para o mar e sente-se calmo novamente. Então, da varanda, vê um táxi que se aproxima, e aquela pessoa que você queria muito conhecer está saindo do hotel. Você perdeu a oportunidade de conhecê-la. Nem mesmo o hotel poderia ajudá-lo a descobrir o nome da pessoa, e você também não tirou uma foto para pedir a ajuda dos amigos no Facebook. Você tem certeza de que essas férias foram as piores da sua vida. Foi uma experiência terrível.

---

[6] *Delight* representa uma experiência altamente prazerosa, encantadora, quase mágica, que supera qualquer expectativa e tem o indivíduo no centro. Uma experiência que gera um bem-estar.

> *Se você acha que é pequeno demais para causar um impacto,*
> *tente dormir com um mosquito.*
>
> Kevin Roberts
> *Lovemarks: futuro além das marcas*

A história é provocante e ilustra bem a questão sobre se podemos criar uma percepção significativa (ao longo do tempo) em um ambiente complexo. Poderíamos reduzir a possibilidade de haver mosquitos? Claro que sim. Podemos projetar um *matchmaking* melhor? Talvez. Mesmo que pudéssemos implementar todas as soluções geradas, seria necessária uma grande quantidade de tempo e de recursos, e, mesmo assim, um nível significativo de incerteza permaneceria.

Alguns profissionais afirmam que, quando falamos sobre a geração de propósito, temos de explorar experiências significativas ou até mesmo encantadoras. No entanto, a comunidade de design thinking ainda está dividida, questionando se a criação de um momento tão individual e indescritível de valor é possível na prática. A percepção do significado é resultado do momento emocional e cognitivo do usuário em um tempo e local específicos. Por consequência, ela é complexa e única. Mesmo quando consideramos que somos capazes de identificar todas as variáveis que compõem a geração de significado no contexto para o indivíduo, precisaríamos de recursos intensivos para fazê-lo. Com frequência, há diversas variáveis presentes que, no momento do consumo, rapidamente se esvanecem. Você pode argumentar que o significado gera um novo aprendizado para a vida que beneficia possíveis interações posteriores. No entanto, isso pode propor elementos válidos; as organizações que se concentram apenas nas experiências de significado e experiências do bem-estar (*delight*) têm dificuldade em garantir a sustentabilidade econômica.

A solução, portanto, não é projetar o momento, mas as condições para que ele ocorra. Quando queremos criar um contexto e estabelecer um vínculo empático, temos de compreender a situação de vida real.

Além disso, quando o momento é complexo e está em constante fluxo, podemos captar insights relevantes quando pesquisamos, visitamos o contexto e criamos uma relação empática com o indivíduo no momento de valor. Ao fazer isso, conheceremos melhor como a experiência vai se desdobrar para o indivíduo. Mas a resposta para o fato de as experiências produzirem significado ou mesmo delight está além da nossa compreensão. Muitas variáveis que nunca conheceremos sobre o passado do indivíduo além de sua percepção, desempenham seu papel. Elas transformarão a tarefa em algo muito difícil e nada prático. Isso significa que não podemos criar um design para uma experiencia significativa ou delight. O que podemos criar são experiências neutras. Se elas se desdobram em um significado para uma pessoa ou não, permanece uma incógnita até o momento em que se tornam reais. Portanto, podemos fazer uma investigação retrospectiva,[7] e estabelecer um novo curso de ação para o futuro, mas, para a criação do valor percebido, projetamos experiências.[8] E, como não temos certeza de que a experiência pode desencadear significado ou delight no momento de valor, temos de explorar várias alternativas e opções. Assim, concordo e discordo com a comunidade de design. Experiências são fundamentais para as novas lógicas de mercado, e empresas precisam explorar esse fator competitivo. Porém, tenho restrições sobre até que ponto podemos detalhadamente desenhá-las na forma prática, considerando as restrições de recursos e tempo das organizações. As experiências que geram um significado ou bem-estar (*delight*) são conceitos importantes, mas muitas vezes demasiado distantes para muitas organizações. Defendo que um foco em experiências que possam se desdobrar em significado, mas sem obrigação, seja uma alternativa mais prática e interessante.

Convidei Érico Fileno, conceituado Designer de Experiência, para compartilhar também sua opinião sobre experiências significativas e que geram delight. Suas opiniões e experiências podem ser diferentes das minhas, mas a riqueza das sociedades consiste exatamente em considerar vários pontos de vista.

---

[7] Olhar Retrospectivo é a capacidade de aprender com o passado.
[8] Helge Fredheim (2011).

COMO CONSTRUIR UMA EXPERIÊNCIA POSITIVA POR MEIO DE UMA PROPOSTA DE VALOR SUSTENTÁVEL

Erico Fileno, M.Sc.
Diretor de design estratégico na Welab Projeto e Inovação (Brasil), @efileno

Momento histórico e presente

Vivenciamos (e ainda estamos sentindo o reflexo disso) um momento de transitoriedade dentro do design e, por que não dizer, refletido pela própria configuração dos processos produtivos. Assim como os negócios, o design, no final do século XX, começou seu processo de desmaterialização. Ou seja, o campo do conhecimento e profissional que surge com a própria onda da industrialização na virada do século XIX para o século XX vê sua materialidade em crise frente à desconfiguração dos negócios, o desmoronamento dos processos fabris e um enriquecimento do setor de serviços.

Foi o que vimos no século passado, pelo fortalecimento da produção em massa de bens de consumo, passando pela configuração na construção de nichos de mercado que ocasionaram um grande apelo na produção de produtos direcionados a certos públicos; agora estamos presenciando um grande foco no entendimento da experiência de uso do consumidor. Ou seja, o foco não está mais no produto, na sua forma ou função. O foco encontra-se na utilidade do produto – ou seja, no serviço que pretende prestar – e na relação de afetividade construída com aquele serviço. É o que Donald Norman chama de design centrado no usuário, uma visão contemporânea do design que prioriza e coloca o ser humano no centro do desenvolvimento de novos produtos e serviços.

Segundo Marty Neumeier, esse caminho de colocar o fator humano como eixo central em um projeto de design tende a construir e fortalecer uma marca, mas é somente por meio do passo seguinte, na fidelização dos consumidores, que as empresas do novo século poderão falar em lucros e retorno sobre o investimento.

No entanto, Steve Diller, Nathan Shedroff e Darrel Rhea, autores do livro *Making Meaning*, ressaltam que só com o foco na marca não conseguimos tratar a nova significância que o mercado exige. Eles propõem uma divisão, que mostra um foco na experiência após a virada do século XX, com benefícios na construção de significados para as pessoas. O que os autores apontam está em uma camada acima da discussão da produção de bens materiais ou imateriais ou de produtos ou serviços. É somente pela experiência com aquele produto ou serviço que o consumidor poderá construir um significado de uso.

EVOLUÇÃO DA INOVAÇÃO E DA DEMANDA DO CONSUMIDOR

Década de 1900 Foco no produto	Década de 1950 Foco na marca	Década de 2000 Foco na experiência
		Benefícios no significado
	Benefícios emocionais, benefícios de status e construção de identidade	
Benefícios funcionais e benefícios econômicos		

Fonte: Diller; Shedroff e Rhea (2008).

Ainda segundo esses autores, somente pela construção de significado, estabelecendo uma identidade com o produto/serviço, é que o consumidor poderá ter a sua experiência de uso.

Se partirmos para um entendimento conceitual de "significado", a raiz da palavra trata sobre o valor, sentido ou conteúdo semântico de um signo. Na visão da semiótica, "significado" é o valor externo do signo, ou seja, é o que denota algo para alguém.

A busca na construção de significados para as pessoas tem levado o design ao extremo de sua produção, pois não estamos mais trabalhando com a materialidade do design, e sim com a sua imaterialidade no desenvolvimento de novos signos. Isso passa da construção de identidade, muito forte no discurso do *branding*, para um debate em torno das experiências de uso dos produtos e serviços. Fazendo uma relação com o discurso de Marty Neumeyer, a fidelização agora não ocorre apenas pela construção de marcas, mas ocorre muito mais forte pela experiência vivida pelo uso de determinado serviço ou produto.

Aqui cabe uma diferenciação muito importante entre produto e serviço, que tem total relação com a imaterialidade do design e dos negócios nos dias de hoje. Um serviço é um sistema complexo de interações que acontecem entre pessoas ou entre pessoas e artefatos, ao longo de determinado período. Cada uma dessas interações possui relevância na experiência final percebida por cada cliente. Além disso, cada uma dessas interações pode vir mediada por algum produto, que se torna o avatar ou a manifestação física desse serviço.

Segundo Dave Gray, "serviços não podem ser projetados e fabricados isoladamente, como os produtos. Eles são criados conjuntamente com os consumidores e são interdependentes em relação a redes e agrupamentos mais amplos de serviços".

Para Joseph Pine e James H. Gilmore, "quando uma pessoa compra um serviço, ela compra um conjunto de atividades intangíveis realizadas em seu nome. Mas quando compra uma experiência, ela paga para passar um tempo desfrutando de uma série de eventos memoráveis que uma empresa encena – como uma peça de teatro – para engajá-la de uma maneira pessoal".

Relação meaning e delight: A experiência com uma significativa proposta de valor

Uma experiência pode ser descrita simplesmente como uma sensação de mudança em nosso ambiente, nosso corpo, nossa mente e nosso espírito. Uma experiência é um resultado consciente de nossa relação com o meio exterior. Todo dia, a todo instante, temos experiências boas e ruins com pessoas, produtos e serviços. É com essa orientação que as empresas e os negócios devem ser pensados e construídos.

O modelo de Stephen P. Anderson apresenta os dois extremos de uma orientação dos negócios. Há, na base, as empresas focadas nas tarefas, com forte apelo em produtos (materialidade), que, em um primeiro momento, direcionam seu olhar para a construção de produtos funcionais e úteis (funcionam como planejado). Num segundo momento,

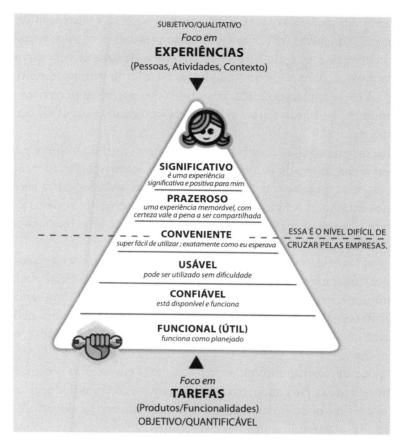

Modelo de hierarquia das necessidades da experiência do usuário
(ANDERSON, 2011).

direcionam os esforços para tornar o produto confiável, disponível e consistente. Num terceiro momento, se esforçam para tornar seus produtos de fácil uso, principalmente pelos estudos de usabilidade, porém não significa que consigam. Num quarto momento, atingem a camada da conveniência. É o estágio que determina a transformação de uma empresa orientada pela tarefa para uma empresa orientada pela experiência de uso dos seus produtos e serviços, pois a conveniência trata da facilidade de uso e da funcionalidade como imaginadas pelo consumidor. No quinto momento da pirâmide, as empresas direcionam seus esforços para tornar a experiência de uso agradável, digna de ser compartilhada. O último momento é quando a empresa trabalha com foco na construção de experiências significativas (com um significado pessoal) para os consumidores. Entendemos que, quando há esse estágio final de experiências significativas positivas, é porque há um delight na relação de uso desse produto ou serviço. Ou seja, essa experiência significativa torna-se prazerosa para o consumidor. O contrário, uma experiência significativa negativa, causa dor e frustração.

Uma experiência significativa positiva (*delight*) trata da nossa sensação de bem-estar com o uso de determinado produto ou serviço. Essa sensação é a nossa resposta, por meio de processos biológicos, psicológicos e sociais, ao contexto externo. A sensação de bem-estar é um conceito construído culturalmente, que trabalha a nossa relação de conotação com o meio ambiente e seu ecossistema desenvolvido artificialmente.

Empresas orientadas pela experiência de uso de seus consumidores trabalham fortemente o aspecto cognitivo da construção de significado (*meaning*) em um primeiro momento, mas objetivam a construção de uma experiência significativa positiva (*delight*). *Meaning* e *delight* trabalham juntos no desenvolvimento de uma proposta de valor sustentável (e rentável) para o modelo de negócio.

O valor de um produto ou serviço não está em quanto o negócio vale e a empresa pensa em cobrar, mas sim o quanto o consumidor está disposto a pagar para ter ou usar determinado produto ou serviço. Por isso, é muito importante o entendimento dessa proposta em ter ou levar significado para a vida das pessoas (*meaning*) e como essa proposta ajudará a construir uma experiência significativa positiva na vida das pessoas envolvidas (*delight*).

Por essa ótica, podemos dizer que, na construção de uma Proposta de Valor temos dois aspectos a dialogar: o *Meaning* como uma visão denotativa do negócio, e o *Delight*, como uma visão conotativa do negócio. O diálogo entre eles ajuda na proposição de um valor percebido e significativo para os consumidores; e ainda consegue ajudar no equilíbrio das forças que compõem uma proposta de valor: propósito (o que os consumidores querem, desejam ou têm necessidade), promessa (a capacidade da empresa de comunicar que é capaz de suprir esse propósito) e performance (a própria capacidade de a empresa entregar o proposto, com base num propósito).

Empresas orientadas pela experiência de uso de seus consumidores estão com os pés no presente e o olhar no futuro. Elas são capazes de interpretar o contexto em que atuam e o mercado futuro, a proposta de valor entregue atualmente e as atividades futuras, seus consumidores atuais e os que ainda estão por vir!

Desde 1995, **Erico** projeta aplicativos de software, aparelhos, dispositivos, sites, produtos e serviços usados por milhões de pessoas todos os dias. Ele trabalha há vários anos com pesquisa do usuário, design thinking, estratégia UX, design de serviços e design de interação para marcas globais.

INTEGRANDO DIFERENTES PARTES DA SOCIEDADE

O segredo do sucesso é o acesso à oportunidade. Trata-se da incerteza, oportunidade, resiliência e, principalmente, de permanecer relevante para a sociedade. No mundo em constante mudança de hoje, não podemos explorar novas possibilidades e reduzir o impacto das surpresas diárias na certeza pura, nem na total incerteza; precisamos de integração.[9] A criação de um espaço de oportunidades[10] que se situe entre o presente e o possível, o certo e o incerto. Para acessá-lo, temos de explorar as sinergias entre a inovação, o futuro e a estratégia. É necessário ter novas lógicas verdadeiras para transcender a estática e equilibrar a geração de valor interno e a percepção de valor externo. Para criar essa lógica, não são usados métodos, metodologias ou ferramentas exclusivos. Cada uma das lógicas só consegue enxergar uma parte do problema e defender a sua verdade da história. A solução não pode estar centrada em uma ferramenta ("como"), mas deve ser centrada no contexto ("por que"). Nenhuma ferramenta ou método isolado é suficiente para captar e explorar a diversidade organizacional e seus desafios. Também não é possível que uma pessoa seja capaz de entender a complexidade do futuro por conta própria. Nossa sociedade é diversificada demais, e sua estrutura, excessivamente complexa. O futuro gira em torno da variedade, e o processo em direção a ele é uma oportunidade. É aqui que entra a colaboração, uma fonte para alinhar expectativas, captar insights, compartilhar ativos e entender melhor as diferentes partes da sociedade.

Nos últimos anos, percebemos também que as organizações cada vez mais investigam as razões subjacentes das mudanças. Elas certamente não

---

[9] Mats Lindgreen e Hans Brandhold (2003, p. 27).
[10] Max McKeown (2014).

fazem isso por causa do exercício criativo e lógico. As razões vão muito além do que precisam para assimilar as novas lógicas. E elas não são nem óbvias e nem simples e se revelam apenas pela exposição a uma perspectiva mais ampla e análise mais profunda, usando a força temporal da competição e colaboração a seu favor.

A colaboração em si é um princípio fundamental da nossa existência humana. Ela define o espaço no qual as pessoas se encontram, se relacionam e trocam valor. E essa força vai se intensificar ainda mais com o progresso exponencial da tecnologia, conectividade e acesso à pluralidade da população mundial. Teremos acesso a novas realidades, ideias e insights que surgem em novas interações sem fronteiras.

A colaboração não apenas facilita o acesso a diferentes contextos, mas também é essencial para conectar o futuro com o presente. Ao captar visões, ideias e percepções de como os indivíduos imaginam o futuro, podemos entender seus desejos, necessidades, crenças e valores. Com isso, temos uma compreensão prática do que realmente importa, o que nos permite estabelecer uma relação afetiva com o futuro a ser explorado.

A colaboração abre novas oportunidades de como integrar a multidão aos desafios organizacionais, utilizando crowdsourcing, workshops de cocriação, até entrevistas com especialistas ou contato com ecossistemas de start-ups. A ligação com os novos movimentos do empreendedor ágil, por exemplo, permite novas formas de mapear em que as pessoas acreditam, e acompanhar o surgimento de novos modelos de negócio. O acesso a esse movimento também permite compreender as razões pelas quais algumas ideias são possíveis e outras plausíveis, aceitas pela sociedade.

Essa pequena diferença sobre o porquê de produtos e serviços serem aceitos é a chave para o sucesso na inovação, design e trabalho com o futuro. Só então podemos nos conectar com o presente, compreender o ser humano e como ele percebe a sociedade e estabelecer uma ponte afetiva com o futuro. Caso contrário, podemos nos perder em possibilidades remotas e tendenciosas que não necessariamente fazem sentido para nossos clientes e funcionários.

No entanto, a multidão também é tendenciosa. Para compensar os vícios e perspectivas fragmentadas da multidão, é preciso fazer a integração com outras formas da exploração futura, contando com painéis de especialistas que façam a análise das Forças Condutoras e estabeleçam Contextos de Futuro coerentes. Sem esse contrapeso para a colaboração, a organização não teria validação e argumentos suficientes para definir uma posição estratégica de valor futuro.

O *Crowd Envisioning* é um componente poderoso e cada vez mais importante para o trabalho com o futuro. O futuro gira em torno das pessoas e de suas percepções de valor, assim como o presente. Ignorar esse fato seria uma falácia que poderia criar futuros interessantes, mas nada práticos.

DANIEL EGGER E MARINA MIRANDA

Tempo

O passado interage com o presente e cria nossa realidade conhecida. O tempo pode seguir seu caminho, mas nossa percepção não é nada linear. Muitas vezes, projetamos adiante nossos desejos simplificados do passado e criamos um dilema constante de conhecimento e desejo.[11] Podemos até estar convencidos de que o futuro será como o imaginamos hoje. Isso, porém, é uma falácia. O futuro é uma construção complexa e vem em pluralidade, os futuros. Cada possibilidade é composta por tipos distintos de variáveis e velocidade, independentemente de mudanças. Conforme o tempo avança, a certeza aumenta. Quando falamos sobre futuro e tempo, temos de imaginar um espaço no qual começamos no presente e chegamos ao futuro. Esse espaço é cheio de trilhas não lineares, e encontraremos muitas surpresas quando caminhamos. Portanto, precisamos ter estratégias organizacionais ágeis, ter acesso à informação relevante, e adequar nossas lógicas para alcançar, nesse ambiente de incerteza, as metas organizacionais. Trilhar os caminhos significa participar no futuro, mas também manter a mente aberta. Nossos valores podem ser questionados, as crenças, colocadas à prova, e a tecnologia pode regenerar as realidades mais rapidamente do que imaginamos. Poderíamos contestar e julgar, ignorar e supervalorizar certas mudanças. Nós, como seres humanos, temos preconceitos, assim como as organizações e a sociedade. Essas formas pré-definidas de ver certas coisas nos impedem de ver claramente os novos desenvolvimentos e avaliar que algumas mudanças talvez não sejam relevantes sem conhecer o todo. O futuro não é, contudo, sobre um fator, considerando que outras variáveis

---

[11] AC/UNU Projeto do Milênio, p. 19.

não mudam ou talvez somente muito lentamente (*ceteris paribus*). O amanhã é sobre a interligação das partes.

Portanto, como seres humanos, temos limitações para enxergar uma perspectiva mais ampla e pensar temporalmente. Precisamos treinar nossa percepção sobre o fator *tempo* e transformá-lo em recurso estratégico para antecipar e proporcionar mudanças. E precisamos aumentar nossas perspectivas sobre as várias partes das sociedades. Nas palavras de Zambrano, premiado psicólogo de Stanford, "o tempo é nosso recurso mais escasso e muito mais valioso que o dinheiro".[12]

Em 2012, começamos uma série de vídeo chamado "Cápsula do Tempo", no qual entrevistamos 60 especialistas de diversas áreas. Em um projeto atual, lançamos o desafio de registrar os futuros de centenas de estudantes e, utilizando o processo de crowdsourcing, recebemos cerca de mil ideias sobre como as pessoas percebem o futuro. Todas essas experiências têm uma conclusão comum. As pessoas vislumbram uma realidade futura muito mais próxima do presente do que se supõe.

Um passo para evitar essa falácia é ver o futuro como uma linha do tempo e não selecionar apenas um momento específico e limitado. Diferentemente de outras lógicas, essa "ecologia do tempo" contempla as mudanças em curso e estabelece uma linha do tempo. Isso significa que, quando nossos clientes solicitam um trabalho com horizonte de 10 anos, consideramos uma perspectiva de 20 anos. Depois aplicamos o processo de *backcasting*[13] do futuro mais distante para o mais próximo da entrega estratégica. O objetivo subjacente ao conceito da Ecologia do Tempo é aumentar a consciência sobre as transformações e reduzir a probabilidade de ignorar as mudanças ao longo do tempo. Quando exploramos um prazo de 20 anos para uma solução de 10 anos, não apenas identificamos novas lógicas, mas podemos reduzir os riscos estratégicos. Se nos concentrássemos apenas no prazo futuro solicitado, e uma mudança acontecesse pouco depois, a organização não teria investido em uma Oferta de Valor plausível e sustentável. Ao aplicar o conceito da Ecologia do Tempo, criamos um horizonte de tempo e, com ele, uma consciência ampliada sobre as mudanças das Forças Condutoras e Atratores.

---

[12] Adaptado de Philip Zimbardo e John Boyd. Localização no Kindle: 161.
[13] Peter Gleick (1995).

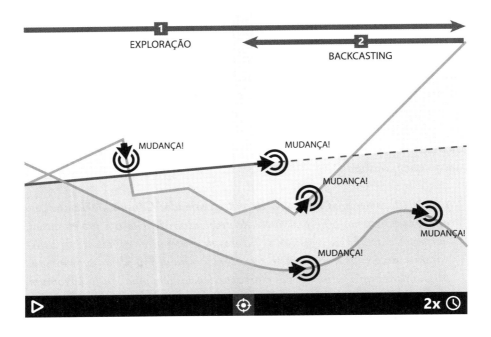

A neutralidade do futuro

Michel Godet, membro da Academia de Tecnlogia da França, argumenta, em "La Prospective", que as realidades futuras precisam ter a liberdade de serem diferentes. Essa afirmação é profundamente importante porque convoca a presença da "neutralidade dos futuros", tantas vezes ignorada. Temos uma tendência a imaginar o que entendemos como promissor e melhor, ou como pessimista o que ainda é desconhecido. No entanto, como em qualquer estado passado na sociedade, o futuro terá vencedores e perdedores. Se o futuro será melhor ou não para nós, dependerá de dois fatores: do sistema de valores da sociedade do futuro e se conseguiremos atender a essa nova realidade. Podemos visionar que pertencemos aos vencedores. Mas, somente quando explorarmos e adequarmos as mudanças, teremos mais certeza a qual lado iremos pertencer. Esse processo, porém, não pode levar a um julgamento sobre o que entendemos hoje como melhor ou pior. A exploração do futuro precisa ser neutra, e o pensamento tendencioso é o maior inimigo dos futuristas. Senão, será limitado o universo de novas opções que a organização pode transformar em termos práticos e cujos potenciais pode explorar.[14] En-

---
[14] Roger Martin (2009).

quanto o estado futuro é neutro, nós, indivíduos e organizações, não o somos. Quando nos determinamos a criar o futuro, não o fazemos com neutralidade. Nossa tarefa é guiar a direção da mudança inevitável de forma positiva.[15] Enquanto os estados futuros representam um conjunto de insights e foresights neutros, são nossas ações que definem a nossa contribuição para o futuro.

FUTUROS DIFERENTES

Tipos diferentes de futuros

Ao observar de perto quais futuros existem, Dr. Norman Henchey, professor da Faculdade de Educação da McGill University, identificou, em 1978, três tipos diferentes: o possível, o plausível e o provável. Existem muitas derivações e definições, e os futuristas de hoje costumam acrescentar outro estado, o "Futuro Preferível".

Portanto, o mais importante dessa classificação é que o futuro não é estável. O que consideramos possível, plausível ou provável depende do nosso conhecimento, da nossa imaginação e da nossa lógica, hoje. O futuro é um reflexo das "lógicas de hoje". A categorização das realidades,[16] feita por Salvador Raza, ilustra esse desafio de forma bem interessante. Ele argumenta que existem as realidades "conhecidas", "desconhecidas" e "conhecidas conhecidas". Além disso, podemos identificar realidades "desconhecidas conhecidas", o que significa que sabemos que algo está faltando, mas ainda não sabemos o quê. Finalmente, existem os "desconhecidos desconhecidos", aqueles que, com a percepção e a lógica de hoje, não sabemos que não conhecemos.

Além de instigar a reflexão, isso reforça a ideia de que a forma como pensamos o que é possível, plausível e provável depende da nossa capacidade de imaginação, de lógica e de *sensemaking* de hoje. Vamos entender melhor os tipos do futuro.

- Os Futuros Possíveis descrevem as realidades futuras que podemos imaginar hoje. Além disso, quando ainda não temos uma ideia clara de como chegar lá, eles nos inspiram a trabalhar rumo a essa possibilidade, aumentando a evidência de sua existência. Esses futuros têm

---
[15] Adaptado de Philip Zimbardo e John Boyd. Localização no Kindle: 935.
[16] Interpretação adaptada de Salvador Raza (2004).

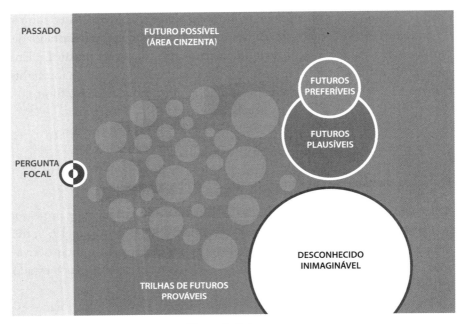

Tipos de futuros.

uma influência positiva na motivação, curiosidade e transformação do que ainda é impossível em realidade. A dobra espacial (Warp Drive) ou os Holodecks, da série de televisão "Jornada nas Estrelas" ou ainda sua estrutura social de autorrealização podem parecer futuristas, mas inspiram as pessoas a trabalhar para esse futuro. No entanto, existem muitos fatores desconhecidos, e não temos uma perspectiva clara sobre *quando* isso pode acontecer – se amanhã ou daqui a 20 anos. Eles são, portanto, universais, possíveis[17] e atemporais. Nas palavras de Arthur C. Clark: "Tudo o que seja possível na teoria será realizado na prática, não importa quais sejam as dificuldades técnicas, desde que seja desejado com intensidade suficiente."[18] A questão é quando isso acontecerá.

- Descritos por argumentos e hipóteses, os Futuros Plausíveis são aqueles que fazem sentido lógico e poderiam acontecer. O estado de plausibilidade das realidades futuras, no entanto, sempre depende do nosso conhecimento, raciocínio e lógica atuais. Os Futuros Plausíveis fazem parte dos Futuros Possíveis, mas nem todos os Futuros Possíveis são

---

[17] Björn Franke (2010, p. 84)
[18] Arthur Clarke (1962). Localização no Kindle: 303-304.

Plausíveis. Os Futuros Plausíveis descrevem realidades lógicas, coerentes e compreensíveis que poderiam acontecer. É, portanto, uma constante iteração entre o pensamento presente, a viabilidade tecnológica, as mudanças percebidas de valores e na sociedade e padrões coerentes lógicos no espaço de possibilidade. Um processo constante de validação é, portanto, fundamental para ratificar os argumentos e hipóteses.
- Os Futuros Prováveis são aqueles altamente óbvios de acontecer. Eles se conectam com os Plausíveis e Preferíveis. Como os Futuros Prováveis são os mais "reais", não podem compartilhar o mesmo espaço no tempo que os outros. Falando na prática, eles representam caminhos para o possível ou plausível. Por isso, prefiro referir-me a eles não como um espaço futuro, no mesmo sentido que os outros tipos de futuro, mas muito mais como os Caminhos Futuros Prováveis. Seu objetivo é garantir maiores níveis de probabilidade por meio de uma constante validação das hipóteses e argumentos definidos.
- Os Futuros Preferidos descrevem o "resultado desejado" que gostaríamos para o futuro e existem em qualquer organização e também para os indivíduos. Eles apresentam a motivação e Visão Organizacional, e representam uma importante parte de um trabalho prático futuro. Os Contextos Futuros pode ser possível e até provável, mas se eles estiverem desconectados com os futuros preferenciais e não fizerem sentido para a organização, o trabalho prático sobre o futuro dificilmente acontecerá.

Durante o processo de explorar o futuro (*Futuring*), usamos o Possível para nos inspirar e o Plausível para definir um norte estratégico. O Provável é parte do processo contínuo de execução estratégica e adaptação para manter a execução sob controle. A arte, encontramos no Possível, a ciência, no Provável, e as Policies (guias para a execução estratégica), no Futuro Preferível.[19]

Novos desafios organizacionais

São muitas estruturas em oscilação, sistemas de valores reescritos e uma tecnologia que recria realidades exponencialmente. Para aqueles interessados em desafios, o nosso momento é hoje. A inovação foi além de um modismo e representa um mercado profissional em amadurecimento. Abordagens

---
[19] AC/UNU Projeto do Milênio, p. 20.

estratégia mais holística estão surgindo, e cada vez mais organizações aproveitam ativamente as oportunidades decorrentes e compreendem o risco do futuro. No entanto, o valor real está na integração e criação de um processo ágil e flexível por parte delas.

Definida por mudanças, nossa sociedade atual pede adaptações constantes, transformando uma melhor compreensão do contexto em um imperativo para a sobrevivência. Identificar e transformar a incerteza em uma oportunidade estratégica é o novo imperativo. Surgem novas perguntas fundamentais e, com elas, a indagação de como criar sustentabilidade econômica na incerteza. Portanto, é mais do que compreensível que os executivos peçam cada vez mais uma orientação prática. Decisões difíceis e corajosas fazem parte da nova realidade, bem como experimentação e exploração de novas ofertas de valor real. A conexão da inovação, do futuro com a estratégia, cria uma base que facilita o processo de tomada de decisão e responde as perguntas:

- Como podemos usar o futuro para nossa vantagem competitiva?
- Como podemos reconhecer padrões importantes e estrutura na incerteza?
- Por que teremos importância no futuro?
- Como podemos transformar a inovação em um processo contínuo alinhado à estratégia?
- Como podemos equilibrar os desafios do dia a dia com a nossa Estratégia de Valor Futuro?

A pergunta mais abrangente a ser respondida pelas organizações é se estão suficientemente preparadas para o futuro. Como podem se adaptar e criar um comprometimento cheio de energia para o futuro? O Planejamento e a Gestão Estratégica estão fazendo incursões muito lentas e explorando principalmente perguntas acadêmicas nos últimos anos. A inovação trava um embate com a estrutura orientada ao projeto e ao problema, muitas vezes priorizando o processo da criatividade em detrimento da solução prática final. Por fim, a exploração do futuro concentra-se, com frequência, em possibilidades distantes demais, em vez de na conexão entre o plausível e o presente.

Portanto, é mais do que compreensível que os executivos estejam cada vez mais frustrados e peçam abordagens mais práticas, orientadas ao contexto. Isso se aplica especialmente nos casos em que a velocidade percebida da mudança e sua variedade estão se acelerando. São muitas estruturas em oscilação, sistemas de valores reescritos e uma tecnologia que recria realidades exponencialmente.

É mais do que humano se sentir pressionado para lidar com toda essa incerteza. No entanto, existem padrões na incerteza e, com eles, muitas oportunidades inéditas. Temos de estar abertos para vê-los e não deixar que a frustração bloqueie nossa possibilidade de agir. Se não, entramos no que Alvin Toffler chama de "Choque do Futuro": o sentimento de perder nossas próprias referências em meio ao diferente e ao novo.

A consciência humana, o dilema atual da estratégia e a exploração do futuro e da estratégia geram um interessante desafio abordado pelo Framework de Valor Futuro. Ele não resolve o paradoxo entre o presente e o futuro, mas orienta e define etapas que torna um trabalho de futuro prático. A lógica ajuda a perceber a incerteza de uma forma estruturada, facilita a identificação de novas oportunidades e, o mais importante, amortece significativamente o "Choque do Futuro".

Descobrimos que as pessoas temem o futuro. Ele as assusta tanto que elas preferem viver no presente ou, pior, no passado.

MALPHURS, 2013

APRESENTANDO O FRAMEWORK DE GERAÇÃO DE VALOR FUTURO

O Framework de Valor Futuro representa uma diretriz verdadeira que permite a conexão de diversos processos gerenciais. Ao fazer isso, ele explora as sinergias que se acumulam sobre as condições de organização em circunstâncias dinâmicas. Isso não é apenas possível na teoria, mas também na prática. O Framework e sua lógica são a criação de projetos concretos ao longo dos últimos 15 anos em organizações e instituições. Portanto, ele não só conecta disciplinas diferentes, mas também a prática com a teoria.

As lógicas que o Framework representa oferecem uma abordagem prática e integrativa, que ajuda a gerenciar a frustração da incerteza e aumenta nosso nível de prontidão para a tomada de decisão. Antes de explorarmos o Framework de Valor Futuro e suas lógicas, quero ressaltar o que ele NÃO é:

Ele não é isolado

O alicerce que sustenta o Framework é o contexto (o porquê) da organização, do indivíduo e da sociedade. Ele integra o indivíduo que percebe o valor, a sociedade como condutor de novas estruturas e lógicas, e a organização como geradora de valor. Concebido sob medida para uma situação inicial específica, o Framework ajuda a expandir o conjunto único de desafios e capacidades organizacionais.

Ele não é exclusivo

Muitas organizações já gastam tempo e dinheiro significativos em ferramentas, metodologias e métodos. O Framework é integrativo, assimila e adapta processos existentes. Nenhuma ferramenta ou método isolado é suficiente para gerenciar a diversidade organizacional, nem no presente e nem no futuro. A estrutura lógica conecta-se, adapta-se e integra-se enquanto incide sobre o contexto organizacional.

Ele não tem apenas um foco

O objetivo do Framework é apoiar a criação de um fluxo de valor no presente e no futuro. Isso é possível pela integração dos contextos externos e internos. O estabelecimento dessa relação permite a troca de um valor positivo e mútuo. Não é apenas a adaptabilidade nem apenas o comprometimento que resulta em um negócio futuro sustentável. Precisamos de ambos. A trilha é adaptativa, integrando desafios de curto prazo, e o norte estratégico cria um senso de urgência e dedicação para uma posição de valor futuro. A lógica definida pela estrutura sustenta esse equilíbrio desafiador.

Ele não é uma ferramenta para prever o futuro

O Framework conecta os futuros com o presente. Ele, no entanto, não *prevê* as realidades do amanhã. Sua lógica facilita lidar com o desconhecido de forma pragmática, harmonizando o desejado e o possível, o presente e o futuro. O Framework representa um ambiente para o desenvolvimento de um caminho sobre como executar uma estratégia que atenda ao presente e ao futuro da organização e da sociedade.

Os blocos básicos

Incorporado ao contexto, o Framework de Valor Futuro é flexível, integrativo e evita prescrições. Combinando as disciplinas de Inovação, *Futuring* e Estratégia, ele fortalece o processo global e permite que as organizações busquem o crescimento nas futuras realidades. A integração se beneficia das opções de valor da inovação, explora novas lógicas plausíveis do futuro e executa as estratégias definidas. Cada uma dessas disciplinas contribui com sua força, criando sinergias. O Framework, consequentemente, precisa oferecer uma maneira de trabalhar com o contexto fornecido e definir uma lógica que ajude a organização a evoluir ainda mais rápido.

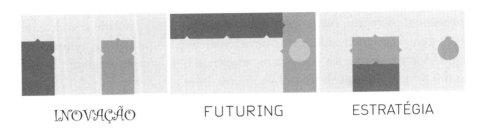

INOVAÇÃO   FUTURING   ESTRATÉGIA

Para adequar-se a tal variedade de contextos, uma lógica integrativa precisa ser modular. Os executivos podem estar interessados em muitos resultados diferentes, como conectar de forma mais eficiente a estratégia com a inovação, tornar o futuro mais prático ou aumentar a agilidade da execução da estratégia. A escolha priorizada depende do desafio e contexto organizacional. Isso significa que o Framework tem de ser modular. Consequentemente, não existem prescrições ou preferências de quaisquer ferramentas, metodologia ou método específico. Existem muitas formas de trabalhar os blocos básicos, quais sejam:

1. **Proposta de Valor Presente**: *Qual valor criamos e para quem? Quanto recebemos em troca (tangível, intangível)?* A Proposta de Valor Presente descreve o valor que as pessoas percebem pelo produto ou serviço. Ela representa uma plataforma na qual ocorre uma troca de valor tangível ou intangível. Essa troca deve ser sustentável para os dois lados e definir o "porquê" da existência. Cada organização tem uma Proposta de Valor Organizacional e proposições específicas para seus produtos e serviços.
2. **Portfólio de Mudanças:** *Quais são os condutores com importância real para nosso negócio gerar uma troca de valor sustentável no futuro?* O Portfólio representa uma seleção das Forças Condutoras (mudanças mais rápidas) e Atratores (mudanças acumuladoras mais lentas) relevantes para o contexto organizacional. Usado para explorar as realidades futuras e possíveis ofertas de valor, o portfólio define um ponto focal e restrições para um processo prático. Integrado com outros blocos, ele aumenta a conscientização, a qualidade das decisões e refina o alinhamento estratégico.

3. **Contextos Futuros**: O que os Indivíduos Futuros e as sociedades valorizam? Os Contextos de Futuros criam uma conscientização ampliada de lógicas plausíveis no futuro. Os Indivíduos do Futuro formam e interagem com a sociedade e nos ajudam a entender as trocas de valor. A interação entre indivíduo e sociedade permite a identificação de novas lógicas e valores.

4. **Visão**: Qual é a razão plausível e inspiradora para nossa existência? A Visão representa um comprometimento cheio de energia, equilibrado com mudanças plausíveis. Ela integra os desejos, as capacidades organizacionais e o *sensemaking* para stakeholders externos e internos. A Visão deve representar razões mobilizadoras e lógicas pelas quais pode gerar valor para seus clientes e reter e adquirir talentos no futuro.

5. **Proposta de Valor Futuro:** *Por que o cliente do futuro nos escolherá, e o que poderemos oferecer?* A Proposta de Valor Futuro explora plausíveis Trocas de Valor entre a organização/instituição (que *cria* valor) e a sociedade (que *percebe* o valor) no futuro. Ela representa um espaço de inovação e oportunidade criado pela Visão da organização e pelo Contextos Futuros. Seu objetivo é a identificação das Ofertas de Valor que gera um benefício positivo e mútuo para todos os envolvidos nas novas realidades.

6. **Policies de Valor:** *Como conectamos o presente com o futuro e executamos nossa Posição de Valor Futuro?* Com quais opções estamos executando a estratégia futura? As Policies estabelecem um rumo para a execução estratégica, ligando o futuro e o presente, e o contexto externo e interno. Elas criam um espaço orientado para a tomada rápida de decisões. Ao definir restrições e princípios, cada Policy de Valor representa um corredor que permite a execução controlada de operações de curto prazo (tática) alinhadas à posição de valor de longo prazo (estratégia de valor).

7. **Portfólio de Opções:** *Conhecemos os ativos e recursos que temos? Qual é o alinhamento com a nossa estratégia de longo prazo e de curto prazo?* O Portfólio de Opções representa bens e recursos ponderados pelo risco e relevantes ao contexto. *Ele é pré-validado com as Values Policies*, oferece alternativas e é um *buffer* a ser acessado quando necessário. O conceito facilita a tomada de decisão e agiliza a execução alinhada ao norte estratégico definido. O Portfólio de Opções integra a inovação com a estratégia e equilibra a tomada de decisão de curto prazo com a estratégia de valor de longo prazo.

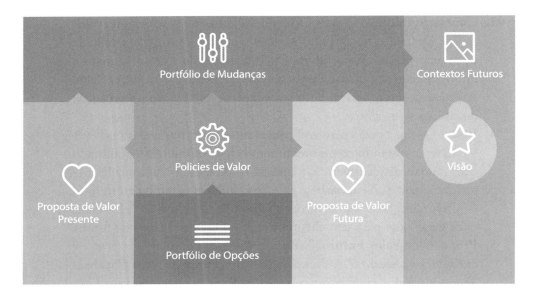

A lógica do Framework de Valor Futuro cria a ligação entre a inovação, estratégia e futuro. Essa combinação de suas contribuições estabelece um alto nível de adaptabilidade e agilidade, competências-chave de organizações que pensam o futuro.[20]

O que o Framework de Valor Futuro entrega?

- Aumenta a conscientização sobre mudanças relevantes e suas implicações plausíveis.
- Sustenta uma estratégia de mudança centrada no ser humano e no contexto.
- Reduz a incerteza e facilita a tomada de decisão mais rápida.
- Equilibra a sustentabilidade organizacional de curto e de longo prazos.
- Aumenta a resistência organizacional e eficiência dos recursos.
- Ajuda a identificar novas Ofertas de Valor.

Vamos começar!

Cada um dos sete blocos básicos do Framework de Valor Futuro desempenha um papel fundamental. Poderíamos explorá-los de forma fragmentada,

---
[20] Adaptado de Lenglick-Hall e Wold (1999).

separada ou linear. No entanto, são as sinergias entre os blocos básicos que tornam o Framework ágil, útil e fornecedor de uma lógica integrada e fluida.

Ao trabalhar pela primeira vez com o Framework, muitas perguntas podem surgir: Como faço para executá-lo? Quais são os resultados de cada parte? Quais as conexões que existem? Quais são as lógicas subjacentes? Apresentar perguntas é a primeira reação natural do ser humano, e o primeiro passo prático é iniciar um "Diagnóstico" da condição inicial da organização.

Depois de identificar os desafios e definir uma estratégia para a execução, a segunda fase é a "Decisão" de uma Oferta de Valor Futuro e da Proposta de Valor. A fase final representa um processo contínuo de "Validação". Sua finalidade é garantir a execução alinhada à Estratégia de Valor definida e às mudanças no Portfólio de Mudanças. Vamos começar com a primeira fase: Diagnóstico.

Comece o diagnóstico

O Framework de Valor Futuro sustenta não somente a criação de uma nova Estratégia de Valor. Ele também identifica em que medida a organização está preparada para a incerteza dos futuros. Acima de tudo, o Framework ajuda a mapear barreiras, processos, recursos e ativos já presentes ou ainda ausentes. O objetivo da primeira fase é promover melhor compreensão da situação inicial. Ela apoia a definição da estratégia para explorar o processo de futuro e para identificar temas mobilizadores que criam urgência organizacional. Essa abordagem nos permite compreender melhor a lógica do Framework e o alinhamento dos blocos básicos com o contexto organizacional. Como resultado do diagnóstico, aprofundamos a conscientização das pessoas estratégicas e a forma como elas imaginam o futuro. Captamos os processos organizacionais existentes com os quais a lógica do Framework se conecta. Identificamos métodos e ferramentas já existentes que podem ser utilizados ou adaptados para trabalhar os blocos básicos. Entendemos melhor como criar uma urgência organizacional e o alinhamento das lógicas à cultura organizacional. E, por fim, temos maior compreensão sobre a forma como o Framework pode ser aplicado na organização.

Uma instituição com mais de 50 filiais quer aumentar seu nível de preparação para as possíveis alterações em sua oferta de valor. Eles tinham interesse especial em compreender os novos padrões de valor que podem conduzir sua troca de valor futuro. Como desafio adicional, o cenário político da organização era bastante heterogêneo e precisava de uma atenção especial antes de iniciar o processo. A equipe decidiu, portanto, realizar uma fase de diagnóstico para obter argumentos que aumentassem a urgência e o alinhamento. Eles criaram uma lógica que levava em conta o Futuro Oficial percebido atualmente, com várias camadas de pesquisas, workshops e análises, integradas com processos estratégicos e de marketing já implementados. Ao aplicar esse pensamento, a equipe realizou mais de 60 workshops para 1.500 pessoas. Uma vez que os participantes tinham perfil diversificado e não tinham um conhecimento sólido das ferramentas, o próximo desafio era o uso de uma lógica conhecida por todos. A equipe, portanto, decidiu trabalhar com a lógica subjacente de forças, fraquezas, oportunidades e ameaças (SWOT), combinados com indicadores-chave. Para adaptar o exercício para o futuro, apresentamos o conceito de "Indivíduos do futuro" e pedimos aos participantes dos workshops para imaginar que personalidades seus clientes poderiam ter no futuro. Exploramos as oportunidades e medos desse grupo de clientes. Além disso, a equipe discutiu os pontos fortes e desafios que a instituição poderia enfrentar para as novas lógicas. Como a lógica da reflexão e a estrutura do fluxo de trabalho não foram alteradas, os participantes acolheram o novo foco para o futuro. As informações coletadas foram

essenciais para delinear a pergunta focal e estabelecer os níveis necessários de urgência, alinhando os principais líderes aos novos desafios.

Para desmembrar os blocos básicos em partes viáveis, o Framework conta com um mecanismo de "Perguntas de Orientação". Elas representam os temas-chave e as entregas de cada dos sete blocos. Durante o diagnóstico, as respostas a essas perguntas nos permitem refletir, coletar dados e preencher as lacunas, o que contribui para a lógica geral.

Proposta de Valor Presente	Por que temos importância?
	Que valores percebidos geramos?
	Quais produtos e serviços trocam quais valores?
	"Onde" e "Quando" o valor é percebido e trocado?
Portfólio de Mudanças	Qual é a nossa Pergunta Focal?
	O que está em mudança?
	Que mudanças são relevantes para o nosso negócio?
Contextos Futuros	Quais são as sociedades plausíveis dos futuros?
	O que as pessoas valorizam e fazem no futuro?
Visão	Qual é o futuro desejado[21] e oficial?
Proposta de Valor Futuro	Por que teremos importância?
	Que valor poderíamos gerar?
	Que Troca de Valor é provável?
	"Onde" e "quando" o valor é percebido e trocado?
Policies de Valor	Como podemos conectar as proposições de valor?
	Quais são as estratégias e ações definidas?
Portfólio de Opções	Que ativos/recursos temos?
	De que ativos/recursos novos precisamos?

As Perguntas de Orientação mostram um ponto de partida e representam a essência que cada parte do Framework entrega. Como as organizações respondem às perguntas depende de seu contexto, e isso pode variar conforme sua urgência, preparação e relevância. Os blocos básicos do Framework

---

[21] O Futuro Desejado representa as expectativas, visões e sonhos individuais no presente. E o Futuro Oficial é aquele corpo organizacional comunicado e desenvolvido ao longo do tempo pelas pessoas.

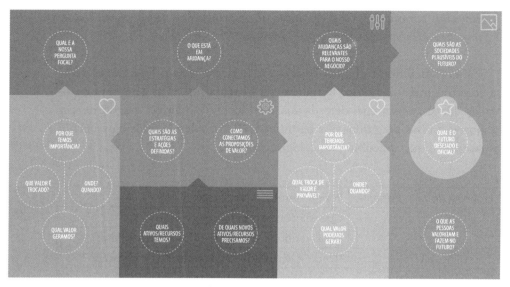

Framework de Valor Futuro – Círculos Estratégicos.

proporcionam uma lógica integradora de geração de valor, posicionamento e execução. Consequentemente, as perguntas ajudam a compreender as informações necessárias para a execução, bem como seus resultados. Não esqueça também de refletir sobre:

- Quais informações temos e quais estão faltando? Podemos confiar nelas?
- Como estudamos, medimos, analisamos e utilizamos as informações atualmente?
- Quem são os especialistas no assunto dentro e fora da organização?
- Quais ferramentas, métodos e metodologias usamos e podemos ajustar?
- Qual das nossas estratégias, projetos, recursos ou ativos estão conectados?

Durante o diagnóstico, não devemos ficar frustrados porque a maioria das organizações não têm todas as informações sempre atualizadas ou disponíveis. O diagnóstico, no nosso caso, não visa a perfeição. Seu objetivo é analisar, da melhor maneira possível, quais os processos e informações já existem e quais são os desafios pela frente. Consequentemente, a lógica não deve ser muito demorada, mas executada em até um mês. Ajustes adicionais são sempre necessários e feitos no ciclo de decisão.

O ciclo de decisão – passo a passo

Depois que experimentamos usar o Framework na fase de diagnóstico, é hora de usar sua força para facilitar a tomada de decisão estratégica e implementação. O objetivo do Ciclo de Decisão é elaborar Ofertas de Valor Futuro possíveis e plausíveis para a organização e definir como elaborar uma estratégia para chegar lá. Para cada um dos blocos básicos do Framework, neste capítulo vamos explorar sua lógica subjacente, importância estratégica e um processo sistemático para a execução. É importante mencionar que a lógica do Framework é centrada no contexto, e, consequentemente, não existem receitas ou preferências por qualquer ferramenta específica ou método. O objetivo, bem como um princípio subjacente, é manter o Framework mais neutro possível. Existem muitas formas de trabalhar com os blocos, e isso depende do contexto organizacional e do domínio das estruturas atuais, cuja combinação gera o melhor retorno.

O amanhã é sempre construído sobre a realidade presente, e é aí que começa a lógica: a Proposta de Valor Presente.

PROPOSTA DE VALOR PRESENTE

Desafiada pelo aumento da velocidade da transformação das percepções de gênero na sociedade, uma empresa do segmento de beleza achava que precisava investigar mais. O objetivo: entender as mudanças relevantes que pudessem afetar suas relações com o mercado. A equipe de trabalho definiu uma lógica que capta ideias e previsões e fez isso explorando os sistemas de valores individuais e suas interações com as sociedades. O que eles queriam saber era o que impulsiona as pessoas para a realidade do futuro plausível e como os valores mudam com o tempo. O processo teve o propósito de compreender como as pessoas percebem os papéis de gênero, os atributos a eles conectados e como eles mudam. Depois de quatro meses de um processo colaborativo, a organização chegou a três conclusões principais. Primeiro, os executivos decidiram se concentrar no principal mercado com as características de gênero, e não nos papéis oficiais. Isso foi necessário, visto que a diversidade de definições oficiais está aumentando. O Facebook, como outras redes sociais, permite que seus usuários escolham entre mais de 70 opções de gênero no Reino Unido e entre cerca de 50 nos Estados Unidos. Segundo, a estratégia definida se relaciona fortemente com as capacidades de produção atuais como também com o posicionamento da marca. Esse novo foco foi a consequência de diversos workshops de simulação de um dia na vida do indivíduo futuro conectando criticamente as possibilidades identificadas com os desafios atuais. Por fim, a equipe focou na emergente "Economia de Momentos", na qual o consumo não é limitado a um único contexto, mas sim no momento que é mais fluído. Considerando essas mudanças, a equipe responsável desenvolveu novas opções de como se relacionar e interagir com os indivíduos-chave do futuro. A lógica subjacente: apoiar o usuário a vivenciar o momento e definir ambientes em que a troca de valor ocorra naturalmente. No geral, o

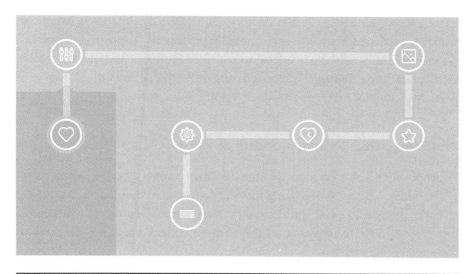

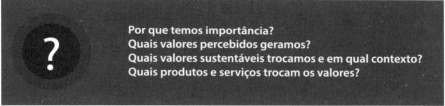

projeto entregou uma consciência de "por que" o cliente vai escolher suas ofertas de valor no futuro.

A Proposta de Valor é um conceito de negócio frequentemente mal compreendido. Desde que Ray Kordupleski usou o termo "proposição de valor do cliente", na década de 1980, ele tem evoluído constantemente. Ao longo dos anos, sua lógica foi adaptada para o contexto em transformação da organização e de seus desafios. Os atributos que descrevem a razão pela qual os clientes escolhem a oferta passaram por uma transformação, das razões lógicas para propriedades cada vez mais intangíveis. Ao contrário da Proposição/Ponto Original do Vendedor (USP),[22] a Proposta de Valor é mais ampla e não descreve as caracterstícas de um produto, serviço ou uma comparação

---

[22] Desenvolvido na década de 1940 por Rosser Reeves.

entre ofertas semelhantes. Ela se concentra além de funções e benefícios físicos e explora a criação (organização) e percepção (consumidor/usuário) do valor em um local e hora determinados. A Proposta de Valor estabelece uma "plataforma de valor", na qual as organizações se encontram com seus participantes para fazer uma troca de valor.

Principais partes de uma proposta de valor

A Proposta de Valor vai além de uma declaração, mais do que apenas "custo" e "qualidade". É muito mais uma história viva que diz como e onde o valor é trocado, produzido e consumido; e, o mais importante, como ela se desenrola e como o indivíduo participa no processo. O conceito também descreve os aspectos emocionais e os benefícios lógicos. Como ocorre em toda história, existem vários atores no processo. No nosso caso, os dois atores principais são o Gerador de Valor e o Percebedor de Valor.

Existem muitas maneiras de como ambos os atores se relacionam e de como o valor é gerado, desde o consumo passivo até a cocriação ativa. Jeremy Heimans, cofundador da Purpose, e Hennry Timms, da #GivingTuesday, chamam essa conexão "dinâmica emergente do poder". Eles alertam que a organização tem de estar ciente de como os humanos se relacionam com as mudanças. Ao perguntar "por que", as organizações compreendem como o poder é criado e podem fazer mais explorações.

A Proposta de Valor gira em torno da ressonância mútua entre os contextos do Gerador e Percebedor. Ela representa uma função que integra os contextos e descreve como o valor é gerado, e uma sustentabilidade econômica estabelecida.

Se os relacionamentos não forem recíprocos e positivos, as relações entre as partes acabarão rompidas. Como a Troca de Valor é a fonte do sucesso, a Proposta de Valor também desmistifica as preocupações, muitas vezes expressas pelos executivos, de que as organizações têm de satisfazer completamente aos desejos dos clientes. Esta premissa, felizmente, não é verdadeira. A sustentabilidade só pode existir quando o custo de produção da oferta de valor equivale ao valor trocado. Se esse não for o caso, a Proposta de Valor precisa ser revista. Portanto, o que define um posicionamento superior de mercado é a Troca de Valor, Geração de Valor e Percepção de Valor.

Elementos de uma proposta de valor

PERCEPÇÃO DE VALOR: As Percepções de Valor resumem o valor que o indivíduo percebe durante a interação/consumo entregue por produtos, serviços ou marca. *Por que nós, como organização, temos importância? Que percepção de valor geramos? Onde e quando as experiências ocorrem?*

TROCA DE VALOR: A Troca de Valor expressa a transferência de valor que o indivíduo está disposto a trocar com o gerador de valor. Os valores podem ser monetários e intangíveis, por exemplo, acesso, confiança e reputação. *O que recebemos em troca? A troca é sustentável ao longo do tempo?*

GERAÇÃO DE VALOR: A Geração de Valor descreve o valor gerado pela organização usando seus recursos e bens. Cada oferta de valor envolve investimentos e incorpora elementos da cultura organizacional. *Que valor geramos? Qual é o custo dessa geração de valor para nós?*

A Proposta de Valor é um conceito estratégico poderoso. Ela permite criar uma diferenciação de mercado sustentável e difícil de imitar, com base em uma Troca de Valor única. A exploração do "porquê" do consumo facilita a tomada de decisão estratégica e a alocação de recursos. Esse conhecimento também permite uma alocação mais eficiente dos recursos, pois a organização sabe o que realmente importa. Ao estabelecer a relação entre a Geração de Valor e a Percepção de Valor, criamos a possibilidade de uma troca de valor que beneficia ambos os lados.

O momento é importante

Um breve momento no tempo pode mudar tudo. Cada interação instantânea com a sociedade reverbera no futuro. Nossas experiências do passado, nossa percepção sensorial e nosso pensamento estão presentes neste ponto específico do tempo. Podemos sentir alegria, decepção ou aprender com as experiências do momento. O desafio das organizações é entender esse momento e participar na criação conjunta de valor. Chamamos isso de Momentos de Valor. Essas interações ocorrem em pontos de contato que as organizações oferecem ou que os indivíduos propõem espontaneamente. Os momentos de valor não descrevem apenas a interação, mas investigam por que as conexões, muitas vezes efêmeras, ocorrem. A percepção de valor abrange mais do que apenas produtos, serviços, marca e experiências. Trata-se do ser humano em seus contextos. A organização deve estar ciente da experiência *end-to-end* em sua oferta de valor, mas os indivíduos de hoje dificilmente seguem a mesmo processo de interação. Eles são seletivos e interagem de forma não linear, aparentemente aleatória e seletiva. Quando o fazem, pedem valor, uma experiência satisfatória num momento específico. Embora não negue que precisa entender a experiência percebida completamente, isso significa que a organização cada vez menos predefine a jornada do usuário. Os indivíduos escolhem quando e como interagem. Os indivíduos não percebem a organização dirigida por um produto, serviço ou marca específica de ciclo *end-to-end*. Eles interagem quando desejam, e, quando o fazem, os pontos que realmente buscam dependem de sua expectativa no momento da interação e do contexto à sua volta. Portanto, o momento dirige a jornada de experiências com o humano no centro. Vivemos uma "Economia de Momentos"

A compreensão dos momentos de valor dessas interações não se resume às experiências, mas abrange uma competência estratégica competitiva. Se as organizações explorarem onde e em qual contexto suas experiências ocorrem, poderão usar esse conhecimento para identificar novas oportunidades semelhantes em outro contexto. Ao fazerem isso, elas apoiam o indivíduo no momento do consumo, e, juntos, criam experiências (significativas). Mais importante ainda, a organização estabelece uma base para a troca de valor sustentável. Já vivemos nessa nova realidade, na qual o momento efêmero conduz a experiência e determina a "dosagem" do consumo. É a realidade na qual a concorrência é fluida, integrada e, nas palavras de Jeffrey Tjendra, bela. As organizações, portanto, têm agora, mais do que nunca, o objetivo de assegurar que os *touchpoints* gerem experiências neutras ou positivas. Isso significa que elas precisam aplicar um processo de design com o humano no centro e garantir que uma percepção coerente de valor de contato deva atender ou superar as expectativas.

O designer-chefe do Android, Matias Duarte, comentou recentemente[23] que "o conceito de mobilidade já morreu". O Pensamento Móvel existe há poucos anos e já ficou obsoleto. No entanto, ele não quis dizer que os smartphones, tablets ou wearables serão extintos em breve, mas se referia aos argumentos que definem a mobilidade por suas características tecnológicas. Isso porque os usuários querem ter uma experiência fluida e acesso ao seu conteúdo, independentemente de onde estejam ou do dispositivo que usem. Estamos vivendo uma desconstrução do entendimento da mobilidade tradicional, criando novas estruturas de "modular mobiles", nas quais a tecnologia se adapta às nossas necessidades momentâneas.[24] Não se trata mais de uma forma e função pré-definidas, mas do contexto no qual as experiências definem novas formas de integração para a tecnologia ao nosso redor. A flexibilidade é essencial, e o acesso constante, uma obrigação natural, criando experiências consistentes em todos os pontos de acesso possíveis.

Muitos aplicativos para smartphones geram um valor percebido para um momento e necessidade específicos. Se você vive em uma cidade maior, talvez use o Waze para evitar engarrafamentos. A solução, entretanto, não gera o mesmo valor percebido se você vive em uma cidade menor ou se estiver em férias, por exemplo. O mesmo se aplica ao Spotify, Evernote e muitos outros serviços. Cada um deles gera percepções de valor distintas, dependendo de nossa circunstância situacional. Mas não é apenas a indústria da tecnologia que já aplica naturalmente o conceito de geração de valor para momentos. As empresas farmacêuticas fornecem soluções médicas geralmente ingeridas na forma de comprimidos. O medicamento reage e produz uma reação química específica, dependendo da fisiologia do usuário e situação de uso.

Estruturas flexíveis como aplicativos e comprimidos centram-se no momento efêmero do consumo e sua circunstância. Essa lógica da temporalidade e mobilidade representa a realidade atual de muitos consumidores e irá se expandir ainda mais nos próximos anos.

Logo, a concorrência como a conhecemos ficará cada vez mais ultrapassada. A geração de valor abrange mais do que apenas produtos, serviços e experiências. É a combinação desses elementos que permite consumos flexíveis em contextos e locais diferentes.

---

[23] Accel Design Conference (2014).
[24] Adaptado de Andres Agostini (2015).

A Kodak era uma empresa interessante aos olhos do mercado, com um nome bem conhecido e avaliada em US$14,8 bilhões em 2001.[25] Ela inventou a primeira câmera megapixel em 1986, e investia centenas de milhões em inovação a cada ano. No entanto, cometeu um erro clássico: seguiu as formas anteriores de pensamento e de estruturas. A empresa dedicou-se ao que sabia fazer melhor: vender mais e explorar diversas campanhas e parcerias para divulgar a marca, competindo em um mercado já dominado. No entanto, com uma inteligência aguçada de mercado e muitas projeções de maturidade tecnológica e econômica, a mudança maior passou despercebida. Era mais complexo do que apenas melhorar a qualidade de filme; incluía também o conhecido "Momento Kodak". O hábito do usuário mudou, assim como o contexto ao redor e, sobretudo, o valor que gera para ele o compartilhamento de uma foto com seus novos amigos. O novo aspecto emocional evoluiu, e a digitalização trouxe a solução. A Kodak teve várias oportunidades de expandir sua Ideologia Central de "Captar o Momento". No entanto, em 1986, quando Kay R. Whitmore sucedeu Colby Chandler no cargo de CEO, ele retornou ao princípio do sucesso funcional, sua competência essencial em filmes e produtos químicos para fotografia. A consequência foi uma estratégia tradicional de venda e branding, e não a exploração dos Momentos de Valor. Como Avi Dan acrescenta: "Marketing não é a arte de vender produtos, como a Kodak acreditava. O marketing inteligente consiste em fornecer satisfação de valor à base de clientes de uma empresa. Trata-se do valor, significado e experiências e, dentro do contexto da Kodak, tinha a ver com o Momento."

A cápsula de valor

Valor é uma combinação e depende de elementos distintos. O sistema operacional pode oferecer a interconectividade do desktop, dispositivos móveis e outros. Portanto, sem ter uma bateria carregada ou conectividade, a pessoa não pode utilizar o serviço, acessar os aplicativos e experimentar o seu valor. A Geração de Valor, portanto, é uma combinação de partes diferentes entregues pelas chamadas "cápsulas". Esses elementos que se combinam não são apenas funcionais, como produtos ou serviços, nem somente emocionais/cognitivos, como experiências. A cápsula abrange o conjunto de quatro elementos-chave:

---

[25] Rita Gunther McGrath (2013, p. 138).

1. **Origem:** James Collins chama isso de Ideologia Central,[26] e Jeremy Heimans, com Henry Timms, de "Os Poderes". Ambos descrevem a característica do relacionamento e engajamento entre quem gera valor e quem percebe valor. Quando exploramos uma conexão, é de grande valor explorar os elementos subjacentes. Sempre existe um valor compartilhado, crença ou interesse subjacente que estabelece um relacionamento entre as organizações/instituições e os indivíduos. *Por que o nosso cliente está disposto a se conectar e experimentar o que oferecemos?*

2. **Acesso:** O acesso descreve produto, serviço ou marca com suas interações. O valor percebido não se materializa por conta própria; precisa sempre de uma plataforma. O acesso representa uma interface tangível com a qual o indivíduo pode interagir e consumir as experiências que são geradas a partir do produto, serviço ou marca. Para adquirir essa plataforma muitas vezes uma primeira troca de valor já foi estabelecida. *Por meio de qual produto, serviço ou marca nos conectamos? Através de quais canais, relacionamentos temos esse acesso?*

3. **Experiência Percebida:** A organização lida com humanos (clientes, usuários etc.), e cada produto, serviço ou marca estimula uma reação lógica e emocional. Essa interação acontece num momento específico que tem a sua influência no indivíduo. Neste "Momento de Valor" no qual a pessoa influencia o contexto e vice-versa, são geradas experiências. Elas transcendem argumentos e características lógicas e geram para cada momento e pessoa um diferente significado e valor. *Quais experiências geram qual valor? Quais experiências devem ser transmitidas no momento de consumo?*

4. **Troca de Valor:** A Troca de Valor define as opções (tangíveis e intangíveis) que podem ser trocadas por quem gera e quem percebe o valor. Essa troca acontece no acesso da plataforma e durante o Momento do consumo. O objetivo dessa troca é criar uma sustentabilidade econômica para o criador e uma experiência satisfatória para quem interage. *O que torna a transação sustentável? Do que precisamos em troca e quando?*

---

[26] James C. Collins (1996) descreve a Ideologia Central como "o caráter duradouro de uma organização – uma identidade consistente que transcende os ciclos de produtos ou de vida de mercado, avanços tecnológicos, modismos de gestão e líderes individuais".

Ao integrarmos essas quatro facetas da entrega de valor em um momento específico e em um contexto específico, podemos projetar a Cápsula de Valor. Cada organização pode ter várias delas, dependendo de seus produtos e serviços. Pode haver diversas opções para o mesmo acesso, mas com o foco em gerar experiências diferentes ou impulsionar trocas de valor alternativas. À medida que desmembramos a lógica complexa de valor em uma lógica visual e contextualizada, podemos explorar mais facilmente os diferentes momentos em nossa oferta e como eles estão conectados com a proposta de valor organizacional.

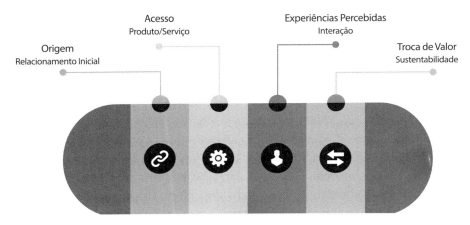

Cápsula de valor.

Então, o que é uma Proposta de Valor?

A Proposta de Valor é um conceito estratégico que define o valor trocado entre quem gera valor e quem o percebe. É uma combinação de diferentes partes que interagem e, juntas, geram experiências (significativas) para um indivíduo ou entidade específica em determinado contexto. Portanto, a Proposta de Valor corporativa representa um portfólio de ofertas de valor.

O que ela não é

1. Uma característica técnica ou do produto.
2. Qualquer tipo de classificação.
3. Uma proposta da satisfação do cliente.

4. Um slogan ou declaração de marketing.
5. Uma descrição de como você acha que é especial.

O que ela é

1. Uma percepção de valor que permite a Troca de Valor.
2. Uma descrição do motivo, local e horário da interação.
3. Uma orientação organizacional para a alocação de recursos.
4. Uma diferenciação de mercado bem difícil de copiar.
5. Um conceito estratégico.

Benefícios a serem entregues

- Compreender o "porquê" subjacente da troca de valor.
- Concentrar-se nas Trocas de Valor sustentáveis.
- Reduzir a diferença de percepção entre o cliente e a organização.

Perguntas para você

- *Quais são as cápsulas de valor organizacionais existentes?*
- *Essas cápsulas incorporam que elementos da ideologia central e estratégia definida?*
- *Que valor achamos que geramos? Onde e quando?*
- *Por que nossos clientes consomem o produto ou serviço? Qual o valor que eles percebem?*

PORTFÓLIO DE MUDANÇAS

A crescente concorrência de preços, pirataria de produtos e vencimento de patentes obrigaram uma grande organização a tomar providências. O desafio era claro: eles precisavam entender melhor as mudanças e identificar as forças motrizes, adotando uma perspectiva mais ampla sobre a sociedade. Seu objetivo: a diferenciação no mercado futuro além do foco no negócio. Para alcançar o objetivo, era preciso identificar as oportunidades e reduzir o risco das novas forças da concorrência. Durante um profundo processo, que se estendeu por vários meses, a organização explorou várias Forças Condutoras e Atratores. A equipe trabalhou com uma variedade de participantes de sua cadeia de valor, entrevistou especialistas e analisou as possíveis implicações para o seu modelo de negócio. O resultado foi que uma sólida combinação de condutores de oportunidades e de riscos foi transformada em um posicionamento estratégico convincente e plausível para o futuro. Um ano depois, quando uma nova liderança assumiu a organização, as prioridades estratégicas mudaram, as pessoas foram realocadas e o foco nas mudanças críticas foi perdido. Hoje, a organização não participa de uma das grandes mudanças positivas identificadas. Essa oportunidade resultou na criação de um novo ecossistema e de um mercado multimilionário, representando hoje um risco, e não uma oportunidade para a organização. Os executivos decidiram reagir e executar uma estratégia dispendiosa e hesitante de *catch-up* (tentar alcançar o concorrente), bem como uma estratégia de *buy to kill* (comprar para matar). No entanto, não obtiveram o sucesso almejado.

Nossa época define-se pela transformação acelerada, e o desafio consiste em identificar o que é relevante para o contexto organizacional. O Portfólio de Mudança representa uma razoável seleção de mudanças originadas de uma estrutura mais complexa e mais ampla para guiar um processo ágil de estratégia.

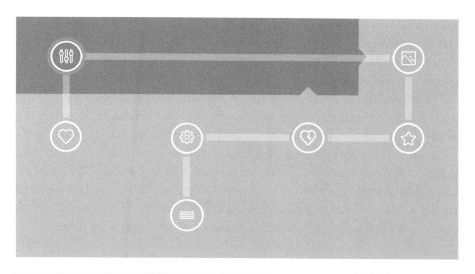

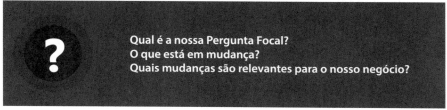

Qual é a nossa Pergunta Focal?
O que está em mudança?
Quais mudanças são relevantes para o nosso negócio?

Quando falamos de mudanças, muitas pessoas inicialmente pensam em tendências. No entanto, para aumentar a plausibilidade, é necessário adotar uma abordagem mais rica, que identifique Condutores e Atratores.[27]

As tendências são um grande manancial de insights que seguem essencialmente esses princípios da simplicidade estática e, muitas vezes, deixam de questionar o nível de preparação para o futuro. Além disso, apresentam mais sobre o presente do que sobre o futuro e criam uma distração para explorar o futuro com mais neutralidade. No entanto, as tendências representam mudanças de valor, e é importante considerá-las muito mais como um ponto de partida do que como um conjunto definitivo de uma análise final. Temos de explorar as diferentes variáveis que influenciam as tendências e os futuros

---

[27] Adaptado de conversas com Salvador Raza. Os Atratores são como ímãs, cada um representando um conjunto de diversas variáveis. Eles transcendem um contexto e um "indivíduo ou grupo" (Daniel Bell, p. 847-848) e compõem lentamente uma massa crítica de mudança que, em geral, ainda permanece estacionária. Já as Forças Condutoras, por outro lado, caracterizam um conjunto de várias mudanças, eventos e outras variáveis de diferentes contextos já em movimento.

plausíveis. Isso significa que analisamos a interconectividade entre as diferentes mudanças para identificar padrões e o novo *sensemaking* emergente. A criação dessa consciência e a seleção das mudanças mais relevantes para o contexto organizacional são o produto final do portfólio de mudança.[28]

Antes de fazermos isso, temos de iniciar um processo de exploração, com o propósito de estabelecer orientações. Existe uma infinidade de temas de interesses possíveis, em uma variedade de contextos. Se não houver a definição de limites, será impossível iniciar e realizar um trabalho prático com o futuro. A equipe acabará facilmente se perdendo no "possível" e deixará de considerar a realidade plausível e presente. No caso do *futuring* do negócio, significa que precisamos estabelecer limites flexíveis entre o caos e a certeza pura. Essa orientação é estabelecida na forma de uma pergunta focal.

A pergunta focal

O futuro é vasto e limitado por fronteiras hipotéticas de completa certeza e caos.[29] As mudanças ocorrem em muitos contextos simultâneos, e seu caminho não tem nada de linear. A dimensão da possibilidade é, portanto, imensa, grande demais para ser prática. A organização pode facilmente perder-se nela, tentando explorar todos os aspectos do futuro em mudança.

Considerando a realidade das organizações e suas restrições de recursos, essa abordagem não é possível e nem prática. Quando exploramos novas realidades, precisamos de uma orientação inicial, da chamada Pergunta Focal. Ela estabelece uma trilha lógica e plausível no espaço de oportunidade, criando uma estrutura para que as empresas possam resolver seus desafios estratégicos.

Como seres humanos, somos definidos por um espírito livre e pelo propósito, bem como pela ordem e pela lógica; assim é a Pergunta Focal. O seu "coração", uma declaração mobilizadora, representa a parte emocional, com o objetivo de estabelecer um comprometimento na organização. A pergunta focal é, no entanto, também uma orientação lógica que descreve mudanças relevantes. Para isso, temos de levar em consideração perspectivas diferentes. Vamos começar pela definição de uma Pergunta Focal, explorando como a organização percebe o futuro.

---

[28] Adaptado de Daniel Bell (1964, p. 851.)
[29] Max Mckeown.

Passo 1: Captar o Futuro Oficial que já existe

As organizações têm uma camada política, e, portanto, existe um Futuro Oficial com base no viés histórico que se desenvolveu ao longo do tempo. Essas ações e estratégias acumuladas formaram a cultura, seu modo de expressão, e criaram um sistema de símbolos, rituais e expectativas. Logo, o Futuro Oficial expressa a percepção do futuro aceita pela organização. Suas formas de existência influenciarão a qualidade do projeto e oferecerão uma compreensão mais profunda do contexto organizacional, reduzindo atritos e aumentando o nível de alinhamento. Também definido pela palavra "oficial", ele não é igual à Visão Organizacional, um Big Hairy Audacious Goal (BHAG),[30] ou Tema Estratégico. Ao contrário, o Futuro Oficial caracteriza-se por um conjunto de premissas subjacentes, o "pensamento bloqueado"[31] dos executivos, adquirido ao longo do tempo, em experiências passadas.

Podemos depreender o Futuro Oficial pela aplicação de ferramentas diferentes, como entrevistas, análise de decisão histórica, pesquisa de textos de publicações internas e externas. O mais importante, porém, é ouvir sem julgar e captar como a organização atualmente pensa e articula como será o futuro com suas implicações presumidas.

Passo 2: Identificar os campos macro de interesses

Em uma instituição financeira, foram realizados mais de 20 workshops e 10 entrevistas para explorar os desejos, dúvidas e a vontade existente de mudança. Em outro cliente, realizamos um workshop de dois dias com uma equipe multidisciplinar de 20 pessoas para levantar as probabilidades existentes e os "espaços em branco" atuais. O objetivo era o mesmo: levantar as perguntas e desejos transformados em "campos de interesses" e, mais tarde, na Pergunta Focal e suas ramificações. Para identificar os macrotemas, uma equipe interna de pesquisa enriqueceu os resultados do workshop e analisou criticamente mais de 80 estudos e relatórios, sem restringir seu foco. Eles consideraram todas as informações relevantes, na sua opinião, para entender o quadro mais amplo do desafio. Muitas perspectivas diferentes foram consideradas, e os primeiros temas para uma exploração mais profunda foram definidos. Esse resultado representa uma orientação perspicaz que, aliada às informações

---

[30] James Collins e Jerry Porras mencionaram o termo pela primeira vez em seu livro de 1994, *Feitas para Durar: Práticas bem-sucedidas de empresas visionárias* (Rio de Janeiro: Rocco, 2007).
[31] David J. Snowden e Mary E. Boone (2007).

dos workshops e do Futuro Oficial, ajuda a definir a Questão Focal e suas Ramificações.

Perguntas sobre o Futuro.

Passo 3: Definir a pergunta e suas ramificações

A Pergunta Focal é composta por um mix de atributos lógicos e emocionais representados por seu "coração" e "ramificações".

O Coração cria uma urgência organizacional para inovar e explorar o futuro alinhado com os objetivos estratégicos. As Ramificações, por outro lado, representam orientações lógicas que orientam as pesquisas sobre as mudanças e o futuro. A pergunta focal é composta e necessita ambas partes, a força mobilizadora e a orientação lógica. Isto porque uma estratégia baseada na emoção pura não garante a qualidade da entrega final, e a lógica pura não gera uma mobilização organizacional suficiente para agir e questionar o status quo.

Depende do contexto organizacional e, alinhado com as capacidades estratégicas, existem maneiras diferentes de formular a Pergunta Focal mais adequada para o desafio identificado.

Por exemplo, se trabalharmos com a educação, podemos considerar a definição do "coração" usando uma pergunta provocadora, como a seguinte: *Quando as escolas físicas deixarão de existir na América Latina?*

Você pode concordar de imediato ou não, desenvolver uma argumentação ou pensar sobre a razão subjacente da pergunta. Se você fez isso, *o coração da Pergunta Focal* cumpriu sua finalidade. Ele provocou curiosidade e estimulou o interesse de explorar mais o assunto. Essa abordagem é útil em organizações em que a urgência se faz necessária para iniciar o processo de futuro. Outra opção é uma abordagem mais holística, mas com a definição de um tempo e localização específicos. *Como será o aprendizado na América Latina em 2030?* Essa alternativa oferece um espectro muito mais amplo e dá início a uma jornada na qual é benéfico ter alguma experiência com pesquisas sobre o futuro. A pergunta escolhida depende dos desafios que as organizações querem explorar. Como *o coração* da pergunta focal é aberto e instigante, é bom ter orientações posteriores. As ramificações oferecem essa orientação adicional na pesquisa sobre o futuro.

Elas representam uma narrativa lógica, incluindo informações quantificadas e gerando urgência. É prático ter de quatro a oito ramificações para a Pergunta Focal. Se for necessário ter mais segmentações, é possível adicionar subcategorias.

Vamos supor que uma ramificação do desafio da educação seja "abundância". Consequentemente, queremos entender quais formas de abundância existem, seu nível de maturidade e quais são as implicações para a perspectiva do indivíduo, da sociedade e da organização. Para aumentar o nível de informação quantificada, poderíamos incluir algumas informações adicionais, por exemplo: de junho de 2013 a junho de 2014, a quantidade de MOOCs[32] aumentou 327%, para 2.625 cursos.[33] Podemos acrescentar ainda que existem vários empreendedores, e também o projeto Mozilla Open Badges,[34] trabalhando para encontrar novas formas de reconhecimento para o nosso aprendizado. No entanto, ainda existem barreiras para que as organizações aceitem caminhos alternativos de educação. Esses fatos geram urgência e ilustram a necessidade de explorar melhor o tema e suas variáveis subjacentes. As ramificações, portanto, não são estáticas e integram dinamicamente novas descobertas, aumentando sua robustez com a duração do projeto.

Alerta! Durante o processo, temos de tomar cuidado para não transformar o Futuro Oficial ou o Futuro Desejado em ramificações. Se fizermos isso, criamos uma falácia temporal, na qual a realidade do amanhã é uma representação dos desejos ou das relações políticas de hoje. Por isso, temos

---

[32] Curso Online Aberto e Massivo.
[33] http://www.moocs.co/. Acesso em 20/10/2014.
[34] http://openbadges.org/.

de estar constantemente cientes de nossos vícios. Geralmente procuramos evidências que confirmem a nossa expectativa (pensamento normativo) e evitamos as que a questionam.[35]

QUAIS INFORMAÇÕES USAR

Trabalhar com o futuro significa estar aberto para novas perspectivas. Consequentemente, a lógica integra tipos diversos de informação, desde o pragmático e o especulativo até o imaginativo. O objetivo é usar as diferentes estruturas para evitar vícios, estimular novas formas de pensar e conectar o futuro ainda melhor com o presente.

Informações Pragmáticas
Estão diretamente relacionadas com o desafio inicial da organização. São definidas por um elevado nível de coesão com a organização (interno) ou diferentes partes da sociedade (externo). Facilmente compreendidas, facilitam iniciativas de mobilização, comunicação e colaboração. *Se a informação é pragmática ou não, a equipe percebe durante o processo da definição do Futuro Oficial. As questões que surgem durante esse mapeamento muitas vezes representam um pensamento intrínseco da organização.* Além disso, esse tipo de informação tem um ponto de vista político (informação política). Essa parte não deve ser dominante, mas vista como valiosas percepções para executar o projeto. As informações pragmáticas facilitam a criação da ligação "afetiva" do futuro com o contexto presente.

Informações Especulativas
O tipo de informação categorizada como especulativa é principalmente o produto de um raciocínio mais complexo. Sua lógica é mais difícil de explicar para as pessoas de outros contextos, uma vez que integra diversas variáveis para explicar as implicações e as mudanças. Esses novos insights e projeções são obtidos a partir de uma perspectiva (hipótese) mais ampla, mais profunda e mais científica dos tópicos sob exploração. O uso de profissionais experientes, pensadores holísticos, painéis de peritos ou métodos como Delphi apoiam essa exploração. As informações especulativas apoiam a qualidade e coerência da lógica de Contextos Futuros, aumentando a validade de todo o processo.

(continua)

---

[35] Karl Weickh e Kathleen Sutcliffe (2011, p. 25).

(continuação)

Informações Imaginativas

Muitas vezes, o resultado de exercícios criativos e das Informações Imaginativas oferece uma perspectiva inspirada sobre cenários "e se". Devido à sua origem altamente individual, eles nem sempre são totalmente explicáveis para outros membros da sociedade. A intuição é um fator importante quando se trabalha com esse tipo de informação, o que dificulta a validação externa. Isso acontece porque, quanto mais original for nosso pensamento, menor será a quantidade de bons conselhos que outras pessoas serão capazes de nos oferecer.[36] As Informações Imaginativas podem ser obtidas em fontes como contextos complementares, artistas, ficção social e científica, visionários e outras fontes extraordinárias, mas relevantes. A contribuição delas consiste em explorar novas formas de raciocínio e identificar oportunidades, riscos e relacionamentos não considerados antes.

Não existe uma resposta certa sobre como equilibrar todos os três tipos de informações durante um projeto de futuro, especialmente porque elas mudam durante o processo. O processo começa com informações mais pragmáticas e especulativas, passa para informações especulativas e imaginárias e é concluído com informações pragmáticas e especulativas, repetindo o ciclo. A maneira como elas são equilibradas depende das preferências e capacidades organizacionais. Quando a organização fizer sua primeira experiência é um bom conselho considerar 50% de informações pragmáticas, 35% de informações especulativas e 15% de informações imaginativas, e fazer os devidos ajustes à medida que se progride.

Passo 4: Validar

A Pergunta Focal e suas ramificações representam uma orientação estratégica importante para o projeto. A validação e o alinhamento são, portanto, aconselháveis. Um breve workshop colaborativo com executivos, membros de equipe e outros atores relevantes é mais do que produtivo e gera um alinhamento superior entre a equipe. Após realizar muitas dessas sessões, aprendemos a ter uma preocupação especial com a formulação do "coração". Devido às suas dimensões emocionais, chegar a uma opinião coerente com

---

[36] MacLeod (2009). Localização no Kindle: 89.

os participantes é um desafio e pode facilmente desencadear um processo de negação. Para evitar potenciais conflitos entre as opiniões, nós nos preparamos e procuramos responder às seguintes perguntas:

- O coração evita julgar e induzir uma solução?
- Qual é o público principal e por que ele ficaria pensando sobre isso?
- As pessoas não conseguem deixar de pensar nisso depois de lê-lo?
- O "coração" representa uma preocupação/curiosidade mais ampla da sociedade?
- Ele implica um processo no qual não teremos as respostas das possíveis perguntas?
- Ele estimula o pensamento crítico e holístico?
- Qual é o prazo?

As mudanças

Existem alertas prévios, e muitas organizações excelentes geram informações detalhadas que captam o mundo em movimento. O desafio, porém, é que não existe um desenvolvimento linear, tampouco um *stasis* (equilíbrio). A biologia evolutiva chama isso de "equilíbrio pontuado",[37] que contrasta o progresso e a evolução uniforme.

"Suave" e "contínuo" não fazem parte de um vocabulário futurista. Entendemos que cada parte da sociedade está em constante transformação. Antes de chegarmos às conclusões fundamentais para a nossa pesquisa, temos de tratar cada informação como relevante. As novas lógicas não surgirão dos relatórios, mas quando conectarmos diversas variáveis em sua perspectiva temporal com o contexto organizacional. O trabalho com o futuro é definido por chances e oportunidades, o que representa uma espiral ascendente em expansão.

Começando pela parte inferior, com as premissas iniciais, estamos continuamente integrando diferentes tipos de informação e aumentando a qualidade do processo. Quanto mais diversos forem os recursos e a lógica que usamos para coletar e trabalhar com os dados, mais encontraremos semelhanças e padrões, e maior será o nível de eficácia das mudanças. Por essa razão, é preciso manter a mente aberta e explorar fontes diversas. Em um projeto, integramos a análise de alternativas para o futuro, entrevistas,

---

[37] Niles Eldredge e Stephen Jay Gould (1972).

análises de perito, desafios de crowdsourcing, ficção social, workshops e pesquisas, todos para apoiar o raciocínio e criar uma lógica robusta e compreensível. Além disso, quando o trabalho com o futuro é definido pelas probabilidades, quanto mais diversos forem os recursos e lógicas que usarmos para coletar e analisar os dados, maior será a sensibilização gerada sobre o possível e o plausível.

Para lidar com a variedade de informações, a equipe de futuro necessita da habilidade de integrar diferentes tipos de raciocínio. Roger Martin argumenta que o pensamento intuitivo é crítico e representa "o coração" para identificar novas oportunidades. Ele acrescenta que a interação do pensamento analítico e do intuitivo é o fator-chave que define o sucesso do negócio.[38] Arthur C. Clarke compartilhou da mesma percepção há mais de 50 anos e afirma que, para prever o futuro, precisamos de lógica, mas também precisamos de fé e imaginação, o que, às vezes, pode desafiar a própria lógica presente.[39]

O Pensamento sobre o futuro como a lógica do raciocínio, e o *futuring* como o processo, precisam ser abertos para considerar elementos analíticos, holísticos, críticos e intuitivos.

Como começar?

Muitas mudanças ocorrem simultaneamente em todas as partes da sociedade. Nosso objetivo é explorar, conectar e identificar padrões. Isso somente é possível quando acessamos e analisamos uma grande quantidade de dados. Como se trata de uma qualidade alta e incompleta captada de contextos diferentes, é necessário usar uma estrutura que ajuda na classificação inicial. Um modelo de classificação aplicado com frequência é o PEST/PESTEL, cuja sigla significa (P)olítico, (E)conômico, (S)ocial, (T)ecnológico, (E)Ambiental e (L)egal. Porém, existem diversas outras estruturas, cada qual adequada a um desafio, indústria ou contexto específico. Outros modelos de classificação são, por exemplo, o Trend Atlas, STEEPLED ou TEEPSE. A representação a seguir mostra um resumo não completo das dimensões utilizadas nessas classificações.

Essas estruturas são de grande utilidade para os profissionais que trabalham com estratégia, inovação ou futuro, mas devem ser usadas com cautela.

---

[38] Roger Martin (2009, p. 96).
[39] Arthur Clarke (1962). Localização no Kindle: 308.

TEEPSE	PEST	PESTEL	STEEPLED	PESTLIED	Raza Salvador	Trend Atlas
Espirituais	Espirituais	Espirituais	Espirituais	Espirituais	Espirituais	Espirituais
Emocionais	Emocionais	Emocionais	Emocionais	Emocionais	Emocionais	Emocionais
Científicas	Científicas	Científicas	Científicas	Científicas	Científicas	Científicas
Políticos-Econômicos	Políticos-Econômicos	Políticos-Econômicos	Políticos-Econômicos	Políticos-Econômicos	Políticos-Econômicos	Políticos-Econômicos
Sócio-Humanos	Sócio-Humanos	Sócio-Humanos	Sócio-Humanos	Sócio-Humanos	Sócio-Humanos	Sócio-Humanos
Conhecimentos	Conhecimentos	Conhecimentos	Conhecimentos	Conhecimentos	Conhecimentos	Conhecimentos
Energéticas	Energéticas	Energéticas	Energéticas	Energéticas	Energéticas	Energéticas
Geoestratégicas	Geoestratégicas	Geoestratégicas	Geoestratégicas	Geoestratégicas	Geoestratégicas	Geoestratégicas
Internacionais	Internacionais	Internacionais	Internacionais	Internacionais	Internacionais	Internacionais
Demográficas	Demográficas	Demográficas	Demográficas	Demográficas	Demográficas	Demográficas
Legais	Legais	Legais	Legais	Legais	Legais	Legais
Éticos	Éticos	Éticos	Éticos	Éticos	Éticos	Éticos
Ambientais	Ambientais	Ambientais	Ambientais	Ambientais	Ambientais	Ambientais
Políticos	Políticos	Políticos	Políticos	Políticos	Políticos	Políticos
Econômico	Econômico	Econômico	Econômico	Econômico	Econômico	Econômico
Tecnológicos	Tecnológicos	Tecnológicos	Tecnológicos	Tecnológicos	Tecnológicos	Tecnológicos
Sociais	Sociais	Sociais	Sociais	Sociais	Sociais	Sociais

Categorização de Mudanças.

No começo, sugiro deixar essas classificações de lado assim que a exploração inicial for concluída. Isso é fundamental porque a categorização sempre reduz a verdadeira complexidade.[40] Também precisamos ser cautelosos para não usar a coleção como uma entrega final. Iniciaríamos o processo de eliminação e tomada de decisão antes que pudéssemos chegar a conclusões válidas. Antes de categorizar e eliminar variáveis, temos de traçar seu desenvolvimento e características temporais na Ecologia do Tempo.[41]

Você talvez conheça o sentimento. Há alguns anos, você se sentiu inspirado pelas novas possibilidades. A mídia não parava de falar sobre as profundas mudanças que ele traria. Esse futuro foi revisto, e o descartamos de nossa mente curiosa. No entanto, um surpreendente evento ocorreu, e, de repente, esse futuro se transformou em uma necessidade, um futuro plausível e em uma crença

---

[40] Nassim Nicholas Taleb (2001). Localização no Kindle: 779.
[41] Andy Hines e Peter Bishop (2006). Localização no Kindle: 1020.

social. Dr. Dickson Despommier, ecologista Columbia University, em Nova York, acha que um "efeito eletrizante" como esse foi o acidente de Fukushima para a Agricultura Vertical. Devido ao aumento da radiação no Japão, os espaços restritos, a estruturação da cidade e a dependência da agricultura rural, o governo e as organizações privadas intensificaram seus esforços para transformar este novo conceito em algo viável e possível. Fazendas Verticais e fazendas totalmente automatizadas são uma das soluções que o Japão e algumas empresas nos Estados Unidos e na Europa estão testando. A mídia dedicou sua atenção, a sociedade sentiu uma necessidade, e a tecnologia de nova geração já está disponível, diferentemente do que ocorria há apenas um par de anos.

Os dois tipos de variáveis

O Portfólio de Mudança é composto por dois conjuntos de mudanças: Atratores e Condutores. Os Atratores são padrões, um ímã que puxa mudanças de diferentes contextos em direção a ele, conforme as semelhanças subjacentes. Eles não só incorporam uma estrutura mais ampla de informações, como também representam concentrações de possíveis mudanças que vão se acumulando de forma mais lenta e têm importância fundamental na exploração do futuro. O astrofísico americano John Quincy Stewart apresentou pela primeira vez o conceito de Atratores na física social por volta de 1947. Ele sugere o conceito de "forças gravitacionais" na sociedade que afeta e atrai um número maior de pessoas. O conceito foi sendo desenvolvido com o tempo, e designers e futuristas o ajustaram conforme sua necessidade. No processo de compreender a sociedade em transformação, ele representa a mesma "força gravitacional" que acumulou os primeiros sinais, as mudanças em torno do Tema Principal. Atratores como a escassez de alimentos, depressão ou nanotubos de carbono clamam por empreendedores e comunidades que trabalhem para estimular o movimento. Os Atratores representam um conjunto de mudanças com certo nível de relacionamento e coerência.

Quando os Atratores ganham massa crítica ou de repente começam a se mover rapidamente, suas variáveis conectadas mudam juntas e geram um forte impulso de mudança na sociedade. Tudo está conectado, nada é estático, nem isso deve ocorrer em nosso planejamento estratégico. Como tudo está relacionado, não podemos considerar uma percepção estática da sociedade em nosso planejamento estratégico.

Muitas vezes, um pequeno estímulo que ultrapassa um limite e se espalha como fogo traz o risco de transformar Atratores em "Cisnes Negros".[42] Essas "pequenas mudanças que podem fazer uma grande diferença"[43] são os chamados "pontos de inflexão". Visto que os Atratores acumulam-se lentamente, a organização pode argumentar que a transformação já está integrada na sua estratégia ou negar que ela exista. Logo, existe o risco estratégico de considerar que tudo continuará igual e confiar no nosso "âmbito de expectativas regulares".[44] Porém, quando os Atratores entram em movimento, as lógicas organizacionais e a competição de mercado repentinamente deixam de existir. No caso dos nanotubos de carbono, uma mudança significativa representaria um avanço que permite a produção em massa. Com isso, as tecnologias avançadas, desde a modificação do corpo até os novos materiais, popularizam-se e recriam a realidade tal como a conhecemos. Além disso, podemos deixar de antever o "porquê" perfeitamente para podermos aumentar nossa conscientização atual e os níveis de prontidão estratégica.

Os Condutores (*Drivers*), ou Forças Condutoras (*Driving Forces*), representam o segundo tipo de variáveis no Portfólio. Diferente dos Atratores, elas representam uma combinação de várias tendências, sinais prévios e eventos (choques) que já estão conhecidos e em movimento em direções semelhantes. As Forças Condutoras são mais fáceis de entender porque podemos conectar a sua existência com os avanços que ocorrem atualmente e discutir seu desenvolvimento de forma lógica. Por essas razões, elas têm uma característica energizadora e facilitam o comprometimento. Isso, porém, não significa que podemos supor a existência de um caminho pré-definido ou até mesmo aplicar uma extrapolação estática. As Forças Condutoras representam o princípio da interdependência; nada existe isoladamente. É importante distinguir que as tendências fazem parte das Forças Condutoras, mas não são iguais a elas. Elas representam mais o presente do que o futuro e trazem o risco de distrair a exploração de um futuro mais neutro no horizonte. No entanto, as tendências representam mudanças de valor e são importantes quando conectamos o presente com o futuro. Portanto, fazem parte das Forças Condutoras, mas não definem sozinhas os futuros.

Os valores estão mudando, e os padrões, se alterando. A exploração das novas oportunidades só é possível quando aceitamos a volatilidade do futuro e

---

[42] Nicholas Taleb (2001) apresentou o conceito de Cisnes Negros para descrever eventos de baixa probabilidade mas alto impacto que têm o potencial de trazer alterações significativas para a sociedade.
[43] Malcolm Gladwell (2000, p. 304).
[44] Nassim Nicholas Taleb (2001). Localização no Kindle: 298.

nos adaptamos constantemente às mudanças. As Forças Condutoras representam uma força de mudança mais forte na sociedade, mas elas também podem cessar, perder velocidade, alterar a sua composição ou acelerar-se de repente.

Premissas subjacentes

Após explorar o primeiro conjunto de alterações usando o PESTEL ou classificações similares, o próximo passo é ir mais fundo e entender por que as mudanças ocorrem. Isso significa fazer a análise de "premissas ocultas" ou "subjacentes" e suas conexões.

Em 2014, quando as Nações Unidas atualizaram suas projeções populacionais para 2100 em 13 bilhões de pessoas, aplicaram hipóteses lógicas plausíveis para os pesquisadores. O IIASA (Instituto Internacional para a Análise de Sistemas Aplicados) acrescenta que os relatórios da ONU negligenciaram a perspectiva educacional. Isto tem importância especial, já que um dos principais condutores do crescimento populacional na projeção da ONU é a África. O IIASA demonstra as limitações da previsão usando um exemplo simples. Se as mulheres da Etiópia frequentam a escola até os 15 anos, são mais propensas a terem dois filhos, em vez de seis. Essa alteração teria profundas mudanças para as lógicas subjacentes de previsão populacional. Portanto, é mais do que válido fazer uma reflexão crítica sobre qualquer informação apresentada e explorar as variáveis subjacentes que levaram à conclusão ou análise.

Nos últimos anos, percebemos que as organizações estavam cada vez mais interessadas em compreender por que as mudanças acontecem. Elas certamente não se dedicavam a isso por causa do exercício criativo, mas sim porque a identificação de novas lógicas pede uma análise mais profunda. Para descobri-las é preciso dar um passo atrás e explorar o que Roger Martin, autor e pensador canadense, relata como "o mistério" no seu livro *Design de Negócios*. Nesse espaço onde colidem várias informações captamos, por meio de exercícios intuitivos e analíticos, premissas ocultas e novos padrões. Esse exercício de analisar esses elementos (variáveis) é fundamental porque facilita a identificação das forças que influenciam mais que uma mudança com menos recursos. O que conduz as mudanças, portanto, requer uma análise mais profunda para entendermos por que são adotadas pela sociedade.

O primeiro passo para chegar a essa perspectiva mais profunda é coletar premissas diferentes. Uma estrutura, semelhante da lógica do PESTEL, facilita a classificação das variáveis subjacentes identificadas em quatro dimensões. A primeira é o indivíduo como o principal condutor da mudança, que representa o humano. As sociedades são o resultado de unidades sociais e sistemas de valores que representam a segunda dimensão. A tecnologia forma a terceira que tem o poder de recriar exponencialmente novas realidades. A última dimensão é a Terra, com causa e efeito posterior, que conecta todos nós. Essa classificação capta a recriação constante da realidade, tal como a conhecemos, e ajuda na identificação das premissas que influenciam o tecido social de forma mais sutil. Para as organizações, essa nova perspectiva permite a identificação de variáveis, muitas vezes não utilizados pelos concorrentes, e com maior potencial de influência.

Qual tecnologia está conectada com a mudança?
Qual é o seu grau de maturidade?
Que outras tecnologias estão relacionadas?

Como o indivíduo está conectado com a mudança?
Que emoções, percepções, necessidades, desejos e valores ele expressa?

Que estruturas sociais estão conectadas?
Como elas estão relacionadas e influenciam a mudança?
Que contramovimentos existem?

Como a mudança se conecta com a Terra no passado, presente e futuro?
Que estruturas na sociedade estão conectadas?

A perspectiva humana concentra-se sobre as mudanças que envolvem o indivíduo psicologicamente, fisiologicamente e em suas atividades do dia a dia. Essa dimensão é muitas vezes denominada Realidade Subjetiva (processo cognitivo).[45] É uma combinação de sonhos, crenças, preferências, motivação e objetivos individuais. Vincent Van Gogh foi um dos que viveram essa realidade ao extremo. Pobre, excluído da sociedade, conseguiu vender apenas um quadro em sua vida,[46] e se viu deprimido e isolado. No entanto, ele não pintou para os outros, mas para a autorrealização. Ele definitivamente viveu em sua realidade, por definição, tão real quanto a realidade de seus colegas pintores. A realidade subjetiva representa o "mundo vivenciado pelo eu".[47]

Além da perspectiva individual, encontra-se a Realidade Objetiva. Nós a entendemos como a Realidade da Sociedade (processo de experiência).[48] Ela se define pela interação e relações entre as pessoas e também pelos objetos, em constante troca de valor. Representando unidades sociais, cria e define as regras e os motivos de interação, percepção, valores e relacionamento. Outro termo para a dimensão é a palavra alemã *Zeitgeist*, que ilustrou a "alma da sociedade". Ela define o "porquê" do funcionamento do sistema, como ele ocorre, e, sobretudo, as estruturas lógicas subjacentes. Pablo Ruiz y Picasso é um interessante representante dessa realidade. Ele entendia o que seus clientes queriam e pintava para seus patrocinadores. Ao integrar seu estilo, ele gerou valor e sucesso para a sociedade, transformando-se em uma estrela durante sua vida.[49]

> *"O sucesso é importante! Costuma-se dizer que um artista deve trabalhar para si mesmo, pelo 'amor à arte', e que deveria ter desprezo pelo sucesso. Não é verdade! Um artista precisa de sucesso. E não só para viver dele, mas principalmente para produzir sua obra. Mesmo um pintor rico precisa ter sucesso. Poucas pessoas entendem de arte, e nem todos se sentem tocados por uma pintura. A maioria julga o mundo da arte pelo sucesso. Por que, então, deixar o sucesso para os 'pintores que são sucesso de vendas'? Cada geração tem o seu próprio grupo de pintores de sucesso. Mas onde está escrito que o sucesso deve sempre pertencer àqueles que atendem ao gosto do público? No meu caso, eu quis provar que você poderia ter sucesso,*

(continua)

---

[45] Jean Piaget.
[46] O nome do quadro é "Vinhedo vermelho em Arles" (1888).
[47] Goertzel (2006).
[48] Jean Piaget.
[49] Inspirado em conversas com Anderson Penha (2008-2012).

(continuação)

*apesar de todas as pessoas, sem fazer concessões. E você sabe de uma coisa? É o sucesso que eu tive quando jovem que se tornou meu muro de proteção. O período azul, o período rosa, eles foram as telas que me protegeram",
Pablo Picasso.*[50]

Essas duas dimensões, a humana e a sociedade atual, têm um enorme potencial de atrito, mas esses pontos de tensão são essenciais para trabalharmos com o futuro. Eles identificam as possíveis variáveis com o potencial de obstruir ou acelerar a nova realidade.

Além da dimensão Humana (subjetiva) e da Sociedade (objetiva), podemos identificar mais duas dimensões transversais. Essas dimensões são a Tecnologia (sintética) e a Terra (orgânica).[51] Ambas são conectores que recriam realidades em uma nova escala de grande porte.

A tecnologia, no seu sentido mais amplo, está presente ao nosso redor. Ela nos conecta e recria realidades constantemente. Esse campo de estudo tem sido objeto de pesquisas constantes, especialmente depois da Segunda Guerra Mundial. Junto com a intensificação da troca de conhecimentos e a disseminação da ficção científica na cultura popular, a tecnologia tem se desenvolvido e acelerado exponencialmente. Por essa razão, temos de tomar cuidado para que não consideremos apenas as mudanças tecnológicas no campo da pesquisa. Isso é fácil de ocorrer e bastante tentador e pode nos atrair para o campo da ficção científica, da esperança e do possível, sem conexão com o presente próximo. Esse pensamento, inspirado pela fé, pode transformar as possibilidades em probabilidades, e as probabilidades em certezas.[52]

A quarta e última dimensão é a Terra. James Lovelock chamou-a de Gaia, em 1979. Ele interpreta a Terra como um superorganismo interconectado que reage a estímulos. Nós, como seres humanos, e a tecnologia, interagimos direta ou indiretamente com a Terra, por um processo que vai da criação até o consumo. Fazendo isso, estabelecemos uma relação de causa e efeito, na qual as implicações residem principalmente no futuro. A Terra representa a interligação de elementos naturais e é afetada por todas as outras dimensões: Humana, Social e Tecnológica. Ela também representa o ambiente mais complexo, até mesmo caótico, que vai além de culturas e países.

(continua)

---

[50] Brassaï (2002, p. 180).
[51] Inspirado nas conversas com Malcolm Ryder.
[52] Adaptado de Daniel Bell (1964, p. 852).

(continuação)

> Com essas quatro dimensões: Homem, Sociedade, Tecnologia e Terra, temos um conjunto de dimensões para explorar e classificar nossas Premissas Subjacentes. Ao compreendermos a lógica além da mudança, entendemos melhor quais são os verdadeiros condutores que afetam a organização.

Relevância para os negócios

Depois de identificarmos as possíveis Forças Condutoras, Atratores e exploramos as razões dos "porquês", precisamos validar sua relevância em relação ao contexto organizacional. Este procedimento reduz a quantidade a um tamanho administrável. O número de mudanças que escolhemos é fundamental por duas razões. Em primeiro lugar, o número de Forças Condutoras e Atratores selecionado define a riqueza e também a complexidade da próxima etapa, os Contextos Futuros. Em segundo lugar, a escolha tem implicações sobre a carga de trabalho do processo de validação que vincula o Portfólio de Mudança (ação) com o Portfólio de Opções (reação). Logo, o Portfólio de Mudança é revisado, adaptado e ajustado com frequência. Considerando essas reflexões em nossos projetos, sugerimos que os clientes selecionem pelo menos dois Condutores ou Atratores para cada ramificação da Pergunta Focal, mas limitamos o total máximo entre 10 e 20. É importante alertar que os Condutores e Atratores representam um conjunto de variáveis, e, consequentemente, a quantidade de todas as variáveis consideradas é sempre maior.

Sem uma aguçada consciência sobre os valores em mudança e um processo de validação que gere novos potenciais, as organizações estão reféns de sua lógica atual. Portanto, quando se trata de escolher as variáveis adequadas para o Portfólio de Mudança, temos de responder de forma crítica às perguntas que surgem e convidar as pessoas certas para partilhar as suas opiniões.

Uma das principais perguntas a ser respondida é: Por que a organização explora o futuro? Ela está preocupada (passiva) com possíveis choques e riscos que possam desafiar suas lógicas de negócio? Alternativamente, a organização quer explorar (ativa) novas oportunidades na realidade futura?

Ambas são opções válidas e estrategicamente relevantes. No entanto, o processo e o equilíbrio entre os Atratores e Condutores no Portfólio de Mudança são um pouco diferentes.

A conscientização sobre Risco segue uma estratégia de resiliência subjacente, que incide sobre a mitigação de choques e tensões e uma prontidão potencializada para agir. Não necessariamente, o objetivo é implementar uma nova estratégia de valor futuro. O objetivo é alcançar maior nível de prontidão e desenvolver Policies/protocolos de risco. Se for esse o caso, o processo de futuro deve explorar mais intensamente os Atratores e possíveis Cisnes Negros.

Se, no entanto, a organização decidir concentrar-se em oportunidades, é adequado selecionar mais Forças Condutoras que Atratores. Isso sustenta uma identificação proativa de como a organização pode oferecer um valor para as futuras realidades. As Ofertas de Valor Futuro, portanto, são as escolhas estratégicas.

Após a seleção dos Condutores e Atratores, temos um Portfólio de Mudança definido, alinhado ao contexto organizacional e às mudanças externas. O próximo passo é combinar essas variáveis, fazer experimentos com o seu peso estratégico e implicações e criar o Contexto de Futuro.

As seis etapas para a definição de um Portfólio de Mudança são:

1. Explorar as mudanças de forma livre e agrupá-las em dimensões.
2. Definir a Pergunta Focal e suas ramificações.
3. Explorar as premissas subjacentes.
4. Identificar as Forças Condutoras e Atratores relevantes.
5. Implantar as Forças Condutoras e Atratores na Ecologia do Tempo.
6. Identificar padrões, Forças e Atratores relevantes para o contexto do negócio.

Benefícios a serem entregues

- Foco definido para a Pesquisa Futura.
- Portfólio com Condutores e Atratores relevantes ao contexto.
- Consciência sobre as lógicas subjacentes e o motivo pelo qual a mudança acontece.
- Identificação de padrões que tenham relevância estratégica.

Perguntas para você

Dimensões
- Conseguimos captar o quadro mais amplo com as mudanças selecionadas?
- O que estamos deixando de considerar ou ignorando?
- Quais são as premissas subjacentes?

Consistência
- Podemos confiar nas informações?
- Como podemos aumentar o nível de validação das informações?
- Qual é o grau de consistência da lógica dos Atratores e Forças Condutoras?

Relevância
- Como cada uma das mudanças salienta cada parte da nossa organização, e que parte é essa?
- Qual é a relevância estratégica das mudanças pesquisadas?
- Quais são os pontos de conflito com outras mudanças?

CONTEXTOS FUTUROS

Um grande portal de internet está lutando em seu segmento de mercado. Eles sabem que terão um futuro difícil. Depois de um processo tradicional de formulação de estratégia, decidiram integrar novos canais para expandir sua base de clientes rentáveis nos próximos anos. Como muitos portais de internet, seguem a mesma estratégia influenciada pelos mesmos relatórios de tendências. Após entender essa desvantagem, já estão testando novas alternativas. Uma delas é uma realidade futura em que o portal da empresa deixa de existir. Essa reflexão originou-se de sua pesquisa sobre o futuro, que alertava que o consumo e a interação com a informação estão mudando e vão continuar mudando significativamente. Ao supor sua inexistência no futuro, eles definiram um objetivo estratégico para criar novos negócios de valor que, somados, irão superar o retorno financeiro atual. Essa decisão é difícil de tomar, especialmente porque o empreendedor e fundador ocupa o cargo de CEO. Pragmaticamente, no entanto, é uma escolha interessante. Além disso, mesmo que o fundador decida não encerrar o portal, a organização já teria mudado a forma como vem fazendo negócios.

Os valores que pensamos ser estáveis sofrem modificações profundas, e a tecnologia está se expandindo exponencialmente. As certezas que nossos pais partilharam conosco, o sistema para o qual fomos educados, o contexto em que crescemos, nada parece ser igual ao que foi. Nós como indivíduos estamos em transformação.

Sobrevivência significa enxergar suficiente à frente para evitar perigos e depende da interação dos indivíduos com a sociedade. Por conseguinte, um Contexto Futuro é centrado no ser humano, tecnologicamente avançado e com um foco claro sobre as sociedades. Quando analisamos a realidade de amanhã, temos de identificar os indivíduos, sua relação com a sociedade e a própria sociedade. Cada interação, seja pela tecnologia ou fisicamente, cria

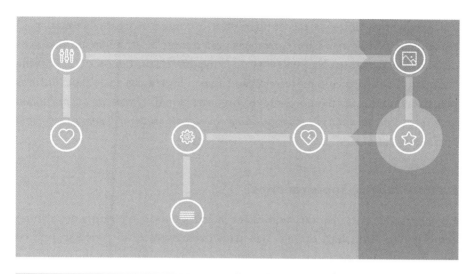

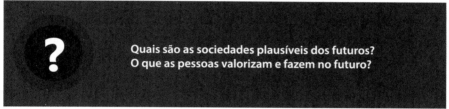

Quais são as sociedades plausíveis dos futuros?
O que as pessoas valorizam e fazem no futuro?

uma oportunidade para uma transferência de valor. Esses pontos de contato são a base para nossa exploração do futuro e ajuda a identificar padrões de valor futuro.

Como não existe apenas um futuro, mas vários, temos também diversas formas de explorar o indivíduo e a sociedade em mudança. Se tomarmos nossas Forças Condutoras e Atratores no Portfólio de Mudança, podemos usar várias abordagens distintas para identificar padrões e novas lógicas. *Envisioning*, *foresight*, extrapolação histórica, planejamento de cenários, pesquisa de mercado, projeções, prognósticos de megatendências, BHAG, *Future Spaces* ou até mesmo designs sociais ou de ficção científica são apenas algumas das abordagens. Cada uma delas tem suas armadilhas e benefícios, e não podemos definir apenas uma como sendo a solução perfeita. Pelo contrário, obtivemos os melhores resultados quando integramos elementos diversos de vários métodos. A organização escolhe a lógica definida por sua familiaridade com os métodos e processos existentes, preferências ou restrições de recursos. Não existe uma abordagem única capaz de entregar a mesma riqueza de perspectivas como a combinação de abordagens diferentes. O importante é a perspectiva holística das mudanças e o contexto organizacional. Essa compreensão vai guiar as organizações para definir a estratégia alinhada aos desafios do presente. Nas palavras de Salvador Raza, temos de criar uma "beautiful"[53] dinâmica e representação robusta lógica das sociedades futuras plausíveis relevantes para o contexto organizacional. *Quem são os indivíduos do futuro? Que forma teria uma sociedade específica do futuro? Como a tecnologia recria essas realidades?*

Estamos falando sobre cenários?

Os cenários devem inspirar, mobilizar e, acima de tudo, criar uma nova consciência. A palavra tem origem nas artes dramáticas e no processo prático desenvolvido por períodos de mudanças sociais, políticas revolucionárias e crises econômicas. Quando Hermann Kahn, na década de 1950, a RAND Corporation e Peter Schwartz, na década de 1960, estruturaram, aplicaram e disseminaram esse pensamento, eles o fizeram porque entenderam que o mundo é complexo, dinâmico e cada vez mais fluido. Seu objetivo é preparar e criar uma nova consciência de estrutura na incerteza.

Kahn e Schwartz criaram um método para estimular o pensamento sobre futuros plausíveis, uma narrativa que se conecta com as pessoas e explora os dilemas de uma sociedade futura. No entanto, com muita frequência e em muitas organizações, o processo se concentra nas lógicas do presente. Dr. Graham Molitor, futurista e advogado, argumenta que os cenários raramente descobrem resultados impressionantes ou revolucionários. Em vez disso, eles se concentram em reforçar, alinhar e ajustar o que os participantes já sabiam.[54]

Os cenários ajudam a simular as organizações no processo de criação de um futuro inspirado e a preparar o terreno para um novo pensamento. O desafio durante sua utilização, porém, é que a organização lide com restrições de recursos e tempo. As consequências muitas vezes é uma exploração menos profunda e a falta de entendimento das implicações das mudanças no modelo de negócio.

Portanto, a geração de foresights e insights é uma parte importante de cada processo futuro. No entanto, representam os meios para o fim e não devem ser confundidos com a única maneira de conectar o futuro com o presente.

---

[53] Salvador Raza (2012).
[54] Graham T.T. Molitor (2009, p. 81).

O governo de Cingapura criou um novo processo para preparar e influenciar o futuro de forma mais ativa. Cientes de que os cenários muitas vezes não oferecem agilidade suficiente para dar respostas às mudanças e ambientes complexos,[55] eles decidiram concentrar-se mais sobre as várias conexões dos "porquês". Uma das primeiras decisões da equipe foi evitar a extrapolação estática de tendências.[56] Em segundo lugar, adotaram uma combinação mais ampla de ferramentas, o que lhes permitiu compreender melhor as relações entre mudanças e suas Premissas Ocultas. Finalmente, alteraram seu nome de gabinete de Planejamento de Cenários para Gabinete de Política Estratégica. O novo foco foi a criação de Policies que orientam, preparam e geram uma compreensão mais profunda sobre o Contextos Futuros, lidando com as crescentes possibilidades da sociedade.

O Contextos Futuros, ao contrário da abortagem de cenários, não é um processo mas um conceito que estabelece um espaço que pode ser preenchido por muitas abordagens diferentes. No entanto, o conceito pede uma perspectiva centrada no ser humano e na sociedade. Isso integra os "porquês" e os *foresights* sobre como os indivíduos irão se relacionar e interagir nessas sociedades futuras.

Preparação do terreno

Ao criar o Contextos Futuros, nosso objetivo é criar uma consciência de novas posições de mercado plausíveis, facilitando a tomada de decisão estratégica no presente. Isso significa que o produto final do processo tem de entregar as opções que fazem sentido, e não apenas explorar as realidades possíveis ou extremas. Para alcançar esses requisitos específicos, temos de incorporar vários pensamentos novos. A Ecologia do Tempo, uma linha do tempo das mudanças, facilita a nossa compreensão de como as mudanças influenciam a realidade futura ao longo do tempo. Os Indivíduos do Futuro nos ajudam a compreender pessoas relevantes diferentes que vivem no futuro e interagem com a sociedade. E a exploração de comunidades e *swarms* (enxames) nos dá uma compreensão dos valores da sociedade em transformação.

A exploração dos Contextos Futuros visa harmonizar essas partes e testar o que é logicamente robusto e faz sentido. Vamos à exploração!

---

[55] Divisões de Serviços Públicos de Cingapura (2011).
[56] Divisões de Serviços Públicos de Cingapura (2011).

Os players dos contextos futuros

As pessoas, seus valores, crenças e existência social são fundamentais para o trabalho prático com o futuro. Cada um de nós faz parte de, pelo menos, uma sociedade, um grupo ou uma comunidade nos quais, como indivíduos, participamos. Interagimos e trocamos valor, formamos relacionamentos sociais e definimos limites. Desde o nosso nascimento, socializamos e assimilamos papéis. Criamos uma base comum, uma ligação emocional de segurança. Quando crescemos, entendemos melhor as conexões a que pertencemos e optamos por fazer parte delas e desenvolver uma vontade ativa. Com elas, crescemos, contribuímos e nos expandimos. Estabelecemos relacionamentos com novas pessoas que compartilham perspectivas, conhecimentos, interesses ou necessidades semelhantes. E continuaremos fazendo isso no futuro, independentemente dos meios tecnológicos disponíveis.

As decisões que tomamos no passado, a forma como nos relacionamos no presente e as unidades sociais a que pertencemos no futuro são decisões que tomamos. Por isso, é logicamente essencial que uma parte importante dos Contextos Futuros seja o indivíduo. São aqueles que vivem no futuro, que representam um modelo, um arquétipo, no trabalho com o futuro.

Os Indivíduos do Futuro

Uma organização europeia pediu nossa ajuda para explorar novas oportunidades para pessoas portadoras de doenças raras. Ficamos inicialmente intrigados com o desafio e tivemos de dar um passo atrás e examinar o sistema. Decidimos que uma perspectiva merecia a nossa atenção especial. Era a estrutura das famílias e seus ciclos: o ciclo da vida, da doença e das gerações. Examinamos os pontos de tensão, os papéis e a integração social para melhor compreender o contexto mais amplo. Ao mesmo tempo, sobrepusemos a análise com o ciclo da doença. Durante a análise, a pergunta suscitada foi como o passado, o presente e o futuro estão interligados. O principal interesse estava em obter melhor compreensão das perspectivas de equilíbrio emocional, estruturas de saúde, atividade econômica e relações sociais. O objetivo: identificar momentos que desencadeiam a compreensão da doença à condição de estar individual. É essa situação especial e suas circunstâncias que a organização explora atualmente. Seu objetivo é criar um mix de produtos e serviços para aumentar a prevenção para toda a família.

Quando falamos sobre os indivíduos do futuro, é fundamental compreender suas características, valores e crenças distintas e suas atividades do dia a dia. Existem muitas maneiras diferentes de analisar esses arquétipos. Uma forma interessante é o conceito de Personas, criado nos anos 1980 por Alan Cooper. Sua origem está na palavra latina utilizada para descrever a máscara usada nos dramas gregos, e significa "a representação fictícia, específica e concreta de usuários-alvo". O design e marketing centrados no usuário costumam usar o conceito[57] para explorar a interação de pessoas com diferentes protótipos. As Personas representam o resultado de um processo profundo de exploração que visa identificar novas interações, compreender as emoções e as conexões. No trabalho com o futuro, partilhamos o mesmo objetivo de compreender os indivíduos com seus traços e valores. Queremos criar um retrato integrador dos indivíduos com seus traços e valores, arquétipos de "Indivíduos do Futuro". Eles incorporam um resumo vívido dos padrões e hipóteses plausíveis que representam as mudanças relevantes para um indivíduo em Contextos Futuros, inspiradoras e que estimulam reflexões. *O que categorizamos como "Indivíduos do Futuro" caracteriza uma parcela significativa de pessoas na realidade futura alinhadas ao tema pesquisado.*

Elas nunca existem em isolamento. Muito além disso, representam uma história de interação com a sociedade do futuro em um período relevante (um dia, uma semana, um mês). A exploração desses arquétipos como personagens-chave das sociedades futuras gera interessantes insights sobre desejos, crenças e valores. Exploramos o futuro através de seus olhos, interagimos com eles e experimentamos suas ações de forma vívida e concreta. Ao fazermos isso, criamos um enredo compreensível, fácil de comunicar e vívido, que nos ajuda a compreender melhor os "porquês" da percepção de valor e explora restrições e possibilidades.

No entanto, antes de criarmos os arquétipos, temos de definir as restrições, um foco e o objetivo da narrativa do futuro. A Pergunta Focal entra em cena novamente. *Queremos saber o que e como as pessoas interagem com a saúde e o sistema de ensino? Como é uma semana, um dia da vida dessas pessoas?*

[57] Tamara Adlin e John Pruitt (2010).

Exploração sobre os Indivíduos do Futuro.

Algumas características interessantes para criar uma síntese das Personas são:

- *O que essas pessoas fazem no dia a dia?*
- *Como foi a infância e adolescência delas?*
- *Como é a estrutura financeira, de saúde, familiar e social dessas pessoas?*
- *Quais são suas necessidades?*
- *O que as motiva?*
- *Como elas interagem com a sociedade?*
- *Quais são seus desejos, vontades e sonhos?*
- *Quais são suas preocupações, apreensões e riscos?*
- *Quais são seus vícios?*

Unidades sociais

Após termos criado os modelos arquetípicos dos principais Indivíduos do Futuro, temos de entender sua interação e participação na sociedade. As sociedades são complexas e formadas pela interação de diversas unidades sociais e agrupamentos de indivíduos. Existem muitas entidades com as quais faz sentido trabalhar. Em nosso trabalho, vamos nos concentrar em duas estruturas: as comunidades e os *swarms*. Elas não foram escolhidas aleatoriamente e estão conectadas logicamente com as variáveis utilizadas no

Portfólio de Mudança. As comunidades estão conectadas com os Atratores, e ambos representam um cluster em torno de uma característica conhecida específica. Os *swarms* e condutores, por outro lado, enfatizam o movimento.

- As comunidades representam estruturas sociais conduzidas por valores coesos, com uma vontade superior e consistente para agir. Sua intenção coletiva,[58] a identidade compartilhada dos que acreditam nelas e os valores as tornam únicas. Digital ou fisicamente, elas representam um agrupamento consciente com um alto nível de influência e mudança mobilizadora. Essas características fazem com que a sua consideração e análise tenham grande relevância para explorarmos o Contextos Futuros.
- *Swarms* são "grupos" de indivíduos que atuam em direções semelhantes, motivados pelo interesse próprio e individual. Na Alemanha, as pessoas com menos de 35 anos estão, mais uma vez, se mudando em maiores números das regiões rurais para as *swarming cities*, principalmente com a intenção de frequentar uma instituição de ensino superior. Elas podem partilhar da mesma ideia de progresso, mas durante o *swarming*, não revelam uma identidade de grupo consciente, nem conhecimento sobre os demais. Os indivíduos, no entanto, definem uma transformação em andamento e, com ela, suas implicações, oportunidades e pressões. Devido a esse movimento, Hamburgo está rejuvenescendo e vivendo um contramovimento em relação à tendência geral[59] observada na Europa, resultando em um repositório de criatividade. Ao mesmo tempo, no entanto, aumenta a divisão física entre o público mais jovem da cidade e os idosos das gerações mais rurais, o que traz um desafio totalmente novo a ser resolvido.

Como cada ação gera reações diversas, temos de ampliar nossa análise também no sentido dos contramovimentos. Cada Força Condutora cria uma força contrária ou pessoas que não compartilham a mesma lógica nem os valores. Esses indivíduos podem formar novas comunidades importantes ou mobilizar os outros contra a mudança, o que pode ter implicações relevantes para o futuro explorado pela organização. Qualquer ação pode

---

[58] Wenger et al. (2011).
[59] Simons Harold (2014).

ter implicações relevantes para nossa exploração e para o futuro em transformação. Os contramovimentos mostram com elegância que as mudanças na sociedade estão interligadas e que cada ação cria reações. As polaridades mantêm a fluidez da dinâmica social e estabelecem novos vínculos ou recriam sistemas de valores.

Ao analisarmos as comunidades e os *swarms*, obtemos valiosos insights sobre a força da mudança, os "porquês" subjacentes e as possíveis consequências.

- Quais comunidades estão em criação?
- Que valores/crenças os indivíduos compartilham nessas unidades sociais?
- Quais são as razões para sua existência e origem?
- Qual é a velocidade de sua propagação? O que poderia tornar a unidade social irrelevante?
- Que mudanças poderiam aumentar a relevância da comunidade/*swarm*?
- Qual é o seu tamanho ao longo do tempo?

Quando conectamos os indivíduos com as estruturas sociais, definimos o esboço de uma sociedade do futuro. Ao mesmo tempo, estabelecemos uma base para compreender melhor os diferentes aspectos das realidades. A sociedade e os indivíduos não estão isolados. Ao contrário, quando integrados, geram os benefícios que estamos buscando. Sua integração representa a história que eles compartilham conosco. Quando ouvimos atentamente, questionamos e testamos a lógica, eles nos ajudam a entender o que pode conduzir a sociedade. Criamos uma consciência sobre as estruturas sociais transversais entre a cultura compartilhada, as normas, a personalidade e as Forças Condutoras.[60] As relações entre as diferentes partes da sociedade representam um pool de foresights estratégicas para extrair os "porquês". A simulação e a participação nas atividades do dia a dia dos indivíduos ajudam as organizações a identificar lógicas, razões e estruturas plausíveis. A Troca de Valor é o resultado de relacionamentos, interações e experiências, e o Contextos Futuros estabelecem o terreno para valiosas informações sobre as lógicas criadas.

---

[60] Adaptado de Talcott Parson (1902-1979).

Em resumo, os seis passos da criação do Contextos Futuros são:

1. Incorporar os Atratores e Condutores identificados da Ecologia de Tempo.
2. Explorar as conexões e identificar padrões.
3. Criar uma lógica integrada e consistente para sua seleção.
4. Criar Indivíduos do Futuro e sua história, com base em sua pesquisa.
5. Analisar que comunidades, *swarms* e contramovimentos são plausíveis de existir.
6. Compreender a troca de valor entre os indivíduos e as unidades sociais

Benefícios a serem entregues

- Arquétipos dos Indivíduos do Futuro e comunidades importantes da mudança.
- Padrões de Valor, Relacionamentos e identificação de oportunidades.
- Contextos Futuros Plausíveis e a relevância da organização.

Perguntas para você

- *Que grupos plausíveis de Indivíduos do Futuro existem no futuro?*
- *Como será o dia a dia dos Indivíduos do Futuro?*
- *A que comunidades e swarms os indivíduos pertencem?*
- *Que valor você gera para os indivíduos e para a sociedade?*
- *Que valor é trocado entre as unidades sociais?*
- *Que soluções tecnológicas podem existir e que instituições/organizações as oferecem?*

Além disso, reflita sobre o seguinte:

- *O Contextos Futuros é "logicamente bonito"?*
- *O que está faltando na realidade criada para que ela pareça real para nós?*
- *Quanto do presente ou do passado está representado em Contextos Futuros?*
- *O que a sociedade do futuro lembra sobre seu passado?*
- *Que implicações o Contextos Futuros tem para a sociedade atual, o indivíduo e a organização? Que mudanças ocorreram para nossos principais parceiros na cadeia de valor?*
- *Quem são os vencedores e perdedores em Contextos Futuros? Por que a sua organização fará parte da equipe vencedora?*

A VISÃO

Movidos pela curiosidade de como as organizações definem suas visões, analisamos as 250 maiores organizações do Brasil, conforme a classificação feita pela revista Exame, em 2012. Foi interessante ver que 27% delas não adotam uma única declaração de visão ou estrutura similar. Dentre as organizações que adotavam uma declaração, 50% declararam que gostariam de melhorar sua imagem. Destacamos a interessante constatação de que 32% das organizações desejavam ser mais admiradas pela sociedade no seu futuro preferido. Outras 15% delas queriam alavancar seus aspectos de inovação, e 39% desejavam fazer o mesmo com sua cultura organizacional. Algumas perguntas surgem após analisarmos esses fatos. As organizações analisadas definiram uma estratégia clara de diferenciação ou são demasiado híbridas e carecem de um foco claro? E será que a organização realmente precisa anunciar ao mundo que deseja ser a maior, melhor e mais admirável entre todas? Não são essas as premissas subjacentes da maioria das organizações? Mais importante ainda, as organizações têm condições de adquirir talentos e clientes futuros com essas declarações?

Desde as primeiras batalhas travadas na Grécia, por volta de 490 a.C., o general dava suas orientações, palpites com base em seu passado. Eleito por suas tribos, "era da responsabilidade do *strategoi* (general) dar aconselhamento estratégico relativo à administração de batalhas para vencer as guerras, em contraste aos conselhos táticos na administração de tropas para vencer batalhas".[61] O que, no entanto, muitas vezes é esquecido é a ligação entre os soldados, a confiança mútua e sua lealdade e patriotismo inquestionáveis com a cidade, que contribuíam enormemente para o triunfo. O sucesso era obrigatório, e as duas únicas opções eram a vitória ou a morte.

---

[61] H. Singh Jagdev e A. Brennan (2004).

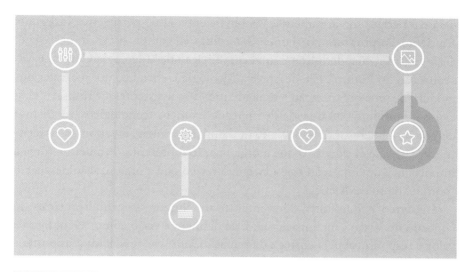

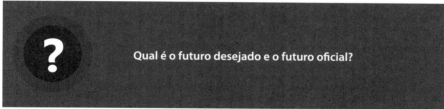

Qual é o futuro desejado e o futuro oficial?

"Com isso ou sobre isso." Os verdadeiros soldados só poderiam voltar a Sparta vitoriosos (com o escudo na mão) ou mortos (transportados em cima dele).[62]

Essa interpretação de lealdade e de motivação direcionada para a ambição está no âmago do nosso pensamento estratégico. Encontramos semelhanças no resultado da pesquisa mencionada, em que os elementos de admiração foram bem avaliados. Com frequência, foi criada uma declaração de visão com o objetivo exclusivo de mobilizar. No entanto, vamos dar um passo atrás e perguntar: *Como seria uma visão que vai além do desejado e sustenta o posicionamento estratégico de mercado no futuro?* Para responder à pergunta, temos de entender como chegamos até aqui.

Por definição, a declaração de visão descreve o estado futuro desejado por uma organização. Existem muitas definições sobre o que deve fazer parte

---

[62] Tali Shapiro (2009).

dela para criar uma argumentação convincente. Uma perspectiva instigante é a definição proposta por James C. Collins, consultor, autor do best-seller *Good to Great*, cuja definição é uma combinação de "Ideologia Central e Visualização do Futuro". Ele descreve a Ideologia Central como "o caráter duradouro de uma organização – uma identidade consistente que transcende os ciclos de produtos ou de vida de mercado, avanços tecnológicos, modismos de gestão e líderes individuais". Essa definição é intrigante, pois se concentra no diferencial exclusivo que a organização representa. Também reforça a importância de uma ação passada, e descreve o que a organização deseja e o "porquê" de sua existência.

Lindgren e Banhold[63] apresentam outra interessante interpretação do conceito de Visão Organizacional. Eles definem a visão como "Geradora de valor e responsável pela entrega de metas". Com isso, ressaltam a importância de que a percepção de valor conduz à sustentabilidade. A visão vai além do desejo ou mobilização e trata do contexto organizacional e de suas partes interessadas, em termos temporais.

Ela descreve onde a geração de valor e a percepção se encontram, interna e externamente. *Como podemos manter a Visão energizada e também incluir uma perspectiva mais centrada no contexto?*

O Diamante da Visão

O Diamante da Visão é um conceito que incorpora uma abordagem mais centrada no contexto da lógica tradicional de criação de uma visão organizacional. O desafio consiste, portanto, em equilibrar o desejado com o plausível e incorporar o preferido. O Diamante da Visão preenche essa nova necessidade. Nele, o Futuro Desejado representa o Preferido, o *sensemaking* e as Capacidades Estratégicas do Plausível.

Enquanto o Futuro Oficial representa a opinião da organização criada ao longo do tempo, os Futuros Desejados enfatizam a percepção atual dos indivíduos-chave. Essa perspectiva centrada no ser humano, de como os indivíduos-chave percebem o futuro, permite a formação de comprometimento e energiza a execução em direção aos objetivos estratégicos. O Futuro Desejado representa uma mistura de hipóteses, argumentos e inspirações. Para

---

[63] Mats Lindgreen e Hans Bandhold, H. (2003, p. 76).

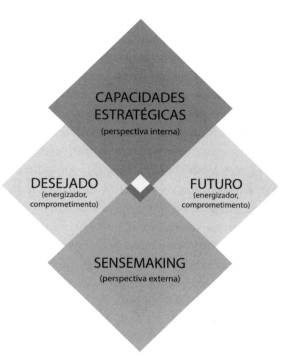

O Diamante da Visão.

equilibrar a aspiração com a organização, a equipe deve contrastar o Oficial com o Desejado, identificando possíveis pontos de atrito e sinergias. A Pergunta Focal contribui para orientar o processo e permite a priorização em caso de desvios entre as duas visões. Esse guia ajuda a evitar conflitos entre os membros da organização, que em geral têm interpretações diferentes dos desafios. *O que nos inspira? Que premissas organizacionais, competitivas ou da sociedade questionamos? Em que medida queremos ser visionários? A visão realmente nos desafia como organização?*

Karl Weick, criador do *sensemaking*, descreve seu conceito simplesmente como "o processo de dar sentido às coisas". Ele tem o propósito de fornecer uma profunda compreensão de um contexto ou situação. No caso da Visão, ele explora a hipótese plausível e questiona "por que" os funcionários (retenção e contratação de talentos) e os clientes se relacionam e como essas razões podem mudar ao longo do tempo. Ele caracteriza um importante aspecto do "porquê", confrontando os valores organizacionais com a realidade externa. O *sensemaking* representa uma abordagem de fora para dentro que complementa o processo de visualização do Futuro Preferido. *Por que os talentos querem trabalhar na nossa organização? O que poderá contribuir para a sua retenção? O que nos torna únicos para nossos clientes?*

Em 1990, C.K. Prahalad e Gary Hamel apresentaram o conceito de Competências Essenciais, que suportam as Capacidades Estratégicas, para descrever a vantagem competitiva. Eles argumentam que, com o tempo e por meio da aprendizagem coletiva, recursos/ativos e capacidades específicas, distinguem o sucesso da organização, representado por atributos difíceis de copiar. Em resumo, os conceitos ilustram como a organização acredita que agrega valor aos clientes pela diferenciação. Devido a essa natureza, as competências essenciais são altamente centradas nos aspectos internos e, não raramente, resultado da comparação com concorrentes conhecidos. Levar o conceito para o futuro significa explorar como elas se transformam ao longo do tempo. Habilidades como produção ou administração dependem do contexto mais amplo, assim como o acesso aos recursos. Por isso, é fundamental usar as foresights e insights de nossas análises para verificar implicações sobre as competências estratégicas (diferencial) e as Competências Essenciais (como) organizacionais. Ao integrar essas capacidades e competências na estrutura da visão, aumentamos a coerência e alinhamento estratégico. *Quais são as nossas restrições? Como as atuais Capacidades Estratégicas mudarão ao longo do tempo? Que comprometimento podemos garantir?*

As seis etapas rumo a uma visão mais integrada são:

1. Reunir o maior número possível de Visões Organizacionais dos últimos anos. Analisá-las!
2. Captar o Futuro Desejado.
3. Entender que valor (sentido) a organização gera internamente, bem como externamente.
4. Analisar as atuais Capacidades Estratégicas e suas possíveis mudanças ao longo do tempo.
5. Usar o Contextos Futuros para explorar o *sensemaking* externo mais profundo.
6. Confrontar a Visão Desejada, o *sensemaking* Futuro e as Capacidades Estratégicas futuras e criar uma narrativa clara.

Benefícios a serem entregues

- Uma declaração de visão que equilibra a plausibilidade e a mobilização.
- Uma consciência de como as Capacidades Estratégicas podem mudar com o tempo.
- Alinhamento do futuro interno desejado com a percepção externa de geração de valor.

Perguntas para você

- *Como a equipe executiva deseja o futuro?*
- *Que oferta de valor desejado para o futuro a indústria e os nossos principais concorrentes expressam?*
- *Como as nossas Capacidades Estratégicas podem mudar nos próximos X anos?*
- *O que irá atrair e reter seus talentos no futuro?*
- *Qual é a nossa contribuição para a sociedade?*

Para explorar a força mobilizadora e a importância de uma missão e visão alinhadas ao contexto relevante, pedi a Malcolm Ryder, coach e especialista em pesquisas, para compartilhar sua experiência pessoal. Ele explora as perguntas "por que estou aqui" e "por que sou importante", o cerne da geração de valor.

Uma equipe, uma visão

Malcolm Ryder, Diretor, Archestra Research

Ao longo dos anos, fui coach em várias modalidades esportivas. Tive vitórias e derrotas devido às táticas usadas no jogo. Não importa se ganhamos ou perdemos: como treinador, minha função sempre foi a de transmitir às minhas equipes uma visão do que nos tornaríamos durante a temporada, com uma missão que direcionasse e estimulasse estrategicamente nossos esforços.

Essa responsabilidade nunca foi tão desafiadora do que quando herdei uma equipe perdedora e a transformei em vencedora. Para que isso acontecesse, a transformação representada pela visão e missão exigia a mudança da cultura da equipe. Quando um membro da equipe se sente deixado de fora, o risco é ele compensar excessivamente seu esforço ou não se comprometer o suficiente. De qualquer maneira, isso amplifica os desequilíbrios que podem fragilizar a cooperação dentro da equipe para as exigências da competição.

A competição cria vencedores e vencidos, e todas as equipes competitivas jogam para ganhar. O detalhe é que as equipes vencedoras sabem como ganhar. Essa é uma noção fácil de ser mal interpretada, mas, nessa história, a melhor maneira de pensar sobre ela é lembrar que produtos e serviços de alta qualidade apresentam melhor desempenho. Se pensarmos em algo projetado ou concebido, explorar sua qualidade significa jogar segundo seus pontos fortes.

Naturalmente, isso destaca os problemas de ter pontos fortes, reconhecê--los e usá-los quando for decisivo. Felizmente, eu já tinha jogado ou liderado equipes vencedoras ao longo dos anos. Além disso, já tinha aprendido muitas maneiras de alcançar o desempenho do grupo, graças a experiências de sucesso com grupos de teatro, orquestras e bandas. Essas experiências me deram condições de trazer várias referências para montar a equipe da nova temporada e diagnosticar a situação.

Nas ligas esportivas, não é raro que o treinador seja substituído, enquanto o elenco de jogadores permanece praticamente inalterado. Quando fui convocado de última hora para substituir um treinador que havia se demitido, formei as primeiras impressões sobre a equipe nos treinos: os jogadores não tinham expectativa alguma. Em palavras mais simples, muitos não sabiam com o que deveriam se comprometer ou por que fazer isso, de forma que pudessem mobilizar essa energia em ação efetiva sob pressão durante o jogo. Considerando as derrotas e falta de confiança que os jogadores já haviam aceitado como "normais", percebi que minha primeira tarefa seria redefinir a missão da equipe. A nova definição precisava indicar claramente uma mudança. Porém, para a missão ser aceita na prática pelos jogadores, a mudança também tinha de se conectar a algo que os membros da equipe já conseguiam reconhecer e pelo qual já podiam assumir a responsabilidade.

Minha receita para comunicar a nova missão estava na simplicidade dessa ideia: em algum momento, a equipe teria um desempenho melhor do que uma semana antes. Se, em algum momento, a equipe atual pudesse jogar contra a de antes, a atual sempre ganharia.

Com essa missão (em outras palavras, o Propósito), os membros da equipe sabiam que, ao dedicar seu tempo na criação da "equipe da semana seguinte", com os seus recursos físicos e emocionais, teriam um bom desempenho e estariam fazendo o certo. Cada um deles teria condições de responder à pergunta: "Por que estou aqui?" Em linguagem simples, eles agora sabiam qual era o principal objetivo da missão, concordavam com ele, e o objetivo era talhado para a equipe.

Um benefício relacionado com essa clareza era que cada membro da equipe podia reconhecer o que era importante para o esforço da equipe, não importando se a ação ou evento fosse grande ou pequeno. Uma consequência marcante disso foi que cada jogador queria ajudar os outros a identificar e fazer boas contribuições. Com essa convergência e interação, os jogadores descobriram questões sobre si mesmos que antes desconheciam ou não haviam percebido que eram "valiosas". O senso de propósito diário da equipe cultivou comportamentos que se tornaram as novas regras – com destaque para o "jogar de certa maneira" e não "jogar para ganhar". Em outras palavras, quando reconheceram e buscaram o novo "sistema de valores" comum, geraram a nova cultura da equipe. Com uma estrutura de exercícios e exemplos, cada jogador treinou de forma mais inteligente. Cada um tinha mais facilidade de perguntar e responder, em tempo real: "Que diferença posso fazer agora que será importante e benéfica para a equipe?" Os ciclos de descoberta e ensaio permitiram que grande parte do que tinham visto ou feito no passado finalmente fizesse sentido de maneiras novas e aprimoradas, enquanto aprenderam coisas novas dentro da mesma perspectiva de valor.

Também precisei mudar a Visão da equipe. Tratava-se de uma equipe que já havia aprendido a reduzir suas expectativas, até um nível que não dava qualquer importância para os impactos que as ações da equipe poderiam ter. Eu precisava fazê-los deixar essa lição para trás e assimilar a crença de que seu propósito era importante para algo.

Para isso, minha primeira tarefa foi descrever para eles uma ideia preferível e plausível de sua própria situação no futuro. É evidente que o desenvolvimento de uma preferência exigia que ela pudesse ser comparada com alternativas. A mais óbvia e mais desagradável era a memória viva das derrotas recentes. Porém, para deixar de evitar a dor e começar a nutrir um desejo proativo, eu precisava dar a eles uma forma decisiva de deixar a dor para trás e parar de se identificar com ela.

Para que isso acontecesse, descrevi esse passado de maneira que lhe concedesse "anistia": eles tinham sofrido derrotas no passado porque estavam tentando resolver o problema errado. Em contrapartida, ofereci um novo modelo da equipe, projetado para resolver "o problema certo" – ou seja, uma estratégia lógica com um objetivo de alto valor.

Para essa descrição dar certo, a equipe teria de adotá-la em nível pessoal. Tive de dar uma nova identidade à equipe, uma que eles pudessem ver e sentir diariamente. Se a minha intenção era prepará-los para serem capazes de fazer a diferença, eles tinham de enxergar que estavam fazendo isso porque queriam.

Na prática, eu lhes dei uma base diferente de avaliação, não de seus esforços (como com a missão), mas de seus resultados. A definição dos resultados e prioridades desejados deu-lhes a oportunidade de se comprometer com algo do jeito que queriam. Mas os resultados precisavam estar sob o controle deles.

Na definição, afirmei que, no final de cada jogo, quando a partida terminasse, esse momento representaria o melhor esforço deles, mostrando os resultados que eles haviam conquistado. Acabaríamos o jogo em determinadas condições, que precisavam ser vistas como potenciais – como mais material e oportunidades para trabalhar para a melhoria. Minha responsabilidade como treinador era aplicar os resultados do modelo de forma que percebessem como madura e estimuladora. Eles viram isso em meus ajustes de táticas e posições de jogadores, além de exercícios para o desenvolvimento de técnicas complementares (relevantes).

O mais importante, porém, foi que substituí a pressão de vencer por uma ideia completamente diferente – a de que os esforços mais dedicados trazem resultados melhores que os de fruto de esforços pouco intensos – independentemente de o resultado ser uma vitória ou uma derrota. Em muitos círculos de gestão, essa metodologia é executada por programas de melhoria contínua, mas a principal justificativa para ela foi a descoberta de valiosos resultados gerados pela lógica da estratégia e do modelo, em vez de perseguir metas de desempenho.

Ao se concentrar nos resultados positivos, em vez de ser julgada, a equipe começou a se ver como uma espécie de força criativa capaz de mudar o ambiente em que se encontrava, fazendo certos resultados serem mais prováveis. O ambiente criado pela equipe seria o mesmo em que ela continuaria a atuar. Redefini a visão da equipe – seu estado futuro preferido – como uma "esfera de influência" que ela poderia criar e possuir.

Parte III ▪ **A LÓGICA** 159

A combinação da preferência redefinida (visão) e propósito (missão) dinamizou os membros da equipe, dando-lhes um senso palpável de possibilidade. A evolução de nosso desempenho na temporada pode ser descrita da seguinte forma, pelo olhar dos nossos adversários:

- De repente, ficamos mais resistentes.
- E cada vez mais resistentes.
- E, depois, fomos a "zebra", ganhando de equipes que ninguém achava que ganharíamos.
- Em seguida, ficamos consistentemente mais próximos de ganhar todos os jogos.
- E, depois, nos tornamos "perigosos", com mais probabilidade de vencer que de perder.
- Por fim, nós nos tornamos uma equipe com vitórias consistentes.

Durante essa transformação, nossa equipe conquistou vitórias de maneiras variadas, em uma abundância inesperada.

Logo no início, algumas equipes jogaram contra nós e perderam porque, conforme suas antigas expectativas, estavam totalmente despreparadas para o novo esforço da nossa equipe.

No meio da temporada, algumas equipes perderam para nós porque cada jogador estava em um processo de se autodescobrir e de desabrochar, e, com isso, qualquer jogador tinha condições de fazer uma bela jogada imprevisível e inesperada em momentos-chave.

Mais para o final da temporada, as equipes perdiam para nós porque estávamos jogando com muita calma e confiança, sem nos preocupar com o que estavam fazendo e muito concentrados no que estávamos fazendo. Ainda estávamos tentando ser melhores que a nossa própria versão da semana passada e usando as partidas para nos testar.

No final de temporada, as equipes perderam para nós porque nossos jogadores tinham encontrado várias maneiras de se entrosar positivamente, e as outras equipes não sabiam como nos deter.

Por isso, tivemos um número suficiente de vitórias para ir para os *playoffs*. Nos *playoffs*, vencemos algumas equipes logo de cara e irritamos outras, que ficaram tão confusas que perderam a cabeça e foram derrotadas por elas mesmas. Apesar de não termos chegado até a final, o campeão da temporada perdeu apenas um jogo, e para nós.

Malcolm é pesquisador e consultor de estratégia com mais de 30 anos de experiência em análises, P&D, planejamento e gestão da mudança para fornecedores de produtos e serviços para o governo e empresas privadas. Seu trabalho abrange startups, instituições comunitárias e de ensino, empresas da Fortune 500 e fundações privadas, em vários setores da indústria. Seu trabalho atual aproveita sua formação profissional na área de  humanas, marketing e no desenvolvimento de soluções de TI como estrategista de gestão do conhecimento. Como muitos analistas, Ryder considera que a dinâmica do esporte oferece experiências de ensino e aprendizagem relacionadas com seu outro trabalho.

PROPOSTA DE VALOR FUTURO

Em 1957, a Monsanto promoveu um "Programa de Pesquisa sobre uso de Plástico na Habitação" para analisar como seria a vida no futuro. A casa era equipada com novas tecnologias, como máquina de lavar louça, micro-ondas, "zonas frias" e armários verticais, e a equipe explorou possibilidades funcionais e lógicas do ambiente. Embora o projeto fosse baseado no futuro tecnológico, não conseguiu integrar as mudanças da sociedade com a mesma dedicação. Quando a esposa do casal no vídeo promocional entra na cozinha, você fica espantado com a alegria estampada em seu rosto. Ela se sente realizada em ter uma cozinha moderna e completa só para si. Ela até pensa em começar a cozinhar naquele momento, com um grande sorriso.

Em 1957, comemoramos o 109º aniversário do início do Movimento dos Direito das Mulheres, em Seneca Falls, Nova York.[64] Foi a época em que as mulheres mantiveram a indústria em funcionamento durante a guerra, e quando, pela primeira vez, o número de eleitores homens e mulheres nos Estados Unidos foi igual. Isso foi seis anos antes da Lei de Igualdade Social. A época marcou o pico de emancipação que mudou a sociedade para sempre. Na Casa do Futuro da Monsanto, no entanto, as mulheres viviam em uma imagem do passado. Aquela representação não considerou que a participação e os papéis das mulheres na sociedade poderiam mudar. As mulheres buscavam igualdade, reconhecimento e novas opções de progresso que a casa do futuro deixou de incorporar. A Proposta de Valor da Monsanto para o futuro estava incompleta. Ela colocava enorme ênfase na tecnologia e suponha que os valores sociais permaneceriam os mesmos, ou mudariam tão lentamente que não precisariam ser considerados. Por sorte, erraram feio.

---

[64] biblio.org.

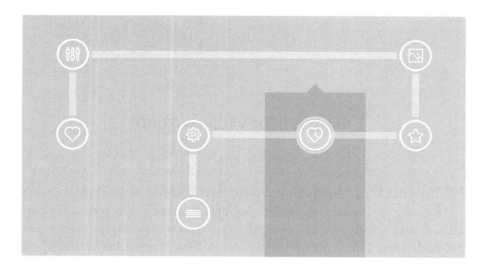

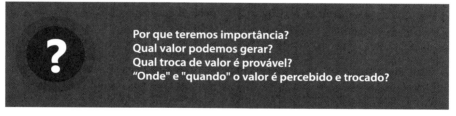

A diferenciação de mercado é um dos desafios no futuro, pois as mudanças são mais frequentes e voláteis do que a capacidade de adaptação de muitas organizações. O equilíbrio temporal está se encurtando, a geração de valor torna-se mais flexível, e a percepção de valor é incerta. Sem um norte estratégico de longo prazo e uma oferta de valor definida, os executivos estão presos "na resolução de problemas, sem rumo, apáticos e gerando resíduos de todos os tipos".[65] O futuro pede uma nova diferenciação de valor, e é mais importante do que nunca para criar uma posição de mercado sustentável no futuro. Para chegar a isso, a organização tem de explorar sua Competência Estratégica ao longo do tempo e compreender como os padrões de valor mudam na sociedade. Isso só é possível se começarmos a perguntar, explorar e enxergar as mudanças com novos olhos.

A Proposta de Valor Futuro é o resultado da integração do Contextos Futuros e da Visão Organizacional definida. Ao conectar o plausível e o desejado,

---

[65] UNU Projeto do Milênio, p. 5.

garantimos a coerência lógica de uma perspectiva mais ampla e a função energizadora do futuro. Essa combinação produz a identificação de valores plausíveis. Esses são os pontos de contato nos quais a Troca de Valor ocorre entre a organização e os indivíduos do futuro. Mas esses encaixes são também um ponto de partida que oferecem à organização a chance de alinhar a oferta de valor e explorar novas oportunidades plausíveis. Para isso, temos de tornar o futuro comunicável. Temos de ser capazes de experimentar com ele, ouvir histórias e criar uma compreensão melhor. Quando fazemos isso, nos conectamos com os futuros, os tornamos mais reais e geramos foresights e insights práticos. Para captar essas essências, não basta ler um relatório sobre os futuros. É preciso aplicar uma interação por meio de prototipagem, *storytelling* e simulação. O resultado dessas atividades é uma compreensão e orientações estratégicas plausíveis sobre como a organização pode oferecer valor novo.

Existem várias maneiras de explorar quais experiências são relevantes para as sociedades futuras e transformá-las, em termos práticos, para viabilizar o posicionamento estratégico. A IDEO, empresa americana de design e inovação, é responsável por espalhar o conceito de Design Thinking no mundo e compartilha um processo de Prototipagem de Experiências. A lógica descreve como estabelecer um nível mais alto de engajamento e facilitar a compreensão da percepção de valor dos usuários. O processo pesquisa as pessoas e seus contextos e quais experiências emocionais e cognitivas são geradas pelo produto ou serviço. A Prototipagem de Experiência cria um ambiente de experimentação de valores centrados no ser humano, seus pontos de contato e interações em um ambiente controlado. Além disso, ela gera insights práticos sobre como os conceitos projetados se desdobram na situação de interação e onde e quando ela ocorre.

Quando trabalhamos com o futuro, existem também outras formas de protótipos, os "Future Probs" que representam um "objeto" intermediário para contar uma história do futuro. O *Design Fiction* descreve um processo que cria esses Probs. Esses objetos do futuro se definem por evitar a aplicação das restrições comerciais e do mundo real com a intenção de reimaginar premissas e explorar realidades alternativas. Alguns exemplos dessas restrições do dia a dia são as expectativas dos acionistas, o posicionamento das marcas ou as características políticas. O Design Fiction força um processo de abertura que ajuda a organização a captar foresights importantes, que talvez não fossem considerados. A lógica dos conceitos permanece no possível e além do real.[66] Pela

---

[66] Björn Franke (2010, p. 81).

imersão nessas realidades alternativas possíveis, identificamos novos padrões plausíveis muitas vezes inicialmente negados com base em nossas restrições e vícios.[67]

Lógicas como *Experience Prototyping* e *Design Fiction* são conceitos que sustentam as organizações na criação de uma compreensão interativa, simulando e fazendo experiências com a realidade de amanhã. A descrição do storytelling sobre os Indivíduos do Futuro e sua interação com a sociedade na Proposta de Valor Futuro é uma simulação. Iniciamos o trabalho sobre o futuro com uma história, mas, no final, evoluiremos para uma conversa sobre ele.[68] Somente quando ouvirmos com atenção e explorarmos o plausível, estaremos abertos para identificar novos padrões.

Para entender como funciona essa exploração e a criação em ambientes incertos e de trabalhos sobre o futuro, convidei Aga Szóstek, cidadã do mundo e especialista em design, para compartilhar suas ideias práticas sobre como enfrentar o desafio. Em sua contribuição, ela irá explorar como captar o contexto de forma pragmática e integrá-lo a um processo de design robusto.

O negócio complicado de ter empatia pelos usuários

Dra. Agnieszka Szóstek
Academia de Belas Artes de Varsóvia

A empatia para com os clientes deve ser um alicerce no design de experiências futuras que constroem a lealdade das pessoas pela conquista de seus corações. A empatia pode ser definida como *"uma habilidade intuitiva para identificar-se com os pensamentos e sentimentos de outras pessoas – suas motivações, modelos mentais e emocionais, valores, prioridades, preferências e conflitos internos"*.[69] A empatia nos permite compreender intimamente a experiência que determinado produto ou serviço deve oferecer. A experiência é *"uma parcela de tempo que se passou – com cenários e sons, sentimentos e pensamentos,*

---

[67] Julian Bleecker (2010, p. 6).
[68] Adaptado de Bleecker (2010, p. 58).
[69] Deana McDonagh (2006).

motivos e ações [...] –, uma história que surge de um diálogo de uma pessoa com seu mundo por meio da ação".[70] Pensar em termos de experiências, em vez de produtos e serviços ajuda a considerar não só as necessidades funcionais das pessoas, mas, acima de tudo, suas necessidades emocionais. Na época em que vivemos, quando praticamente tudo é possível graças à tecnologia, é a capacidade de oferecer experiências significativas que convence os consumidores a escolher uma marca e não outra.

Sou uma grande fã do booking.com. Uma situação me surpreendeu e me tornou uma cliente fiel do serviço. Eu estava prestes a viajar para uma conferência no Canadá. No aeroporto, devido a uma falha de comunicação sobre o visto, a minha passagem precisava ser cancelada. Você pode imaginar como fiquei estressado? Meu voo estava saindo, dali a três dias eu iria fazer uma apresentação importante, e lá estava eu, preso no aeroporto. Além disso, eu havia reservado um hotel caro e ia perder dinheiro, porque o cancelamento devia ser feito até 24 horas antes da chegada – 24 horas, um tempo que eu não tinha mais. Tomado pela angústia, liguei para o booking.com e expliquei o que tinha acontecido. Depois de ouvir a minha história, a pessoa do outro lado da linha disse: "Senhora, não se preocupe, farei o que estiver ao meu alcance para cancelar sua reserva sem custo adicional." Ainda me lembro do alívio que senti ao me dar conta de que, no meio de todo esse inconveniente, quando tudo e todos pareciam ir contra mim, alguém me ofereceu ajuda. Para encurtar a história: a reserva foi cancelada sem custo adicional, e eu me apaixonei pela empresa.

Estou totalmente convencido de que alguém no booking.com teve empatia pelas diversas situações e contextos que as pessoas podem viver e ponderou o valor de um ganho imediato em relação à satisfação do cliente no longo prazo. Você pode se perguntar por que mais empresas não agem dessa maneira. A resposta mais provável é porque é complicado definir o Contexto de presente e de futuros. Primeiro, a frase em si é bastante ambígua. Será que *contexto* significa algo que acontece entre as pessoas e os produtos? Ou talvez considere o ambiente no qual eles interagem? As emoções fazem parte? E os valores, motivações e crenças?

O conceito de contexto fica ainda mais complicado porque o mesmo contexto pode ser visto com olhos diferentes por pessoas diferentes. Você se lembra do último quarto de hotel em que se hospedou? Normalmente, pensamos no quarto no contexto de um viajante cansado, que nele encontra um

---

[70] Marc Hassenzahl (2010, p. 1-95).

abrigo para passar a noite. Mas o mesmo quarto pode oferecer um contexto radicalmente diferente para uma funcionária do hotel que o limpa todos os dias, ou para a gerente de hotel que o trata como meio de aumentar a receita da empresa.

Além disso, o contexto pode mudar, dependendo da situação. Lembre-se da última vez que você ficou esperando um táxi. Você pode ter esperado ansiosamente, sem saber se conseguiria pegar o avião ou se chegaria atrasado em uma reunião importante. Mas também pode ter ido visitar alguns amigos e torcido para o táxi demorar, porque não queria que uma noite divertida acabasse.

O último problema com o contexto refere-se ao fato de que temos a tendência de idealizá-lo, em vez de enxergá-lo com um olhar aguçado. Em um dos projetos em que trabalhei, fizemos um estudo de *shadowing* sobre as pessoas que administram lojas online. *Shadowing* é uma técnica em que um investigador acompanha de perto o usuário no seu contexto por, pelo menos, um dia[71] para observar como é a vida real dessa pessoa. Nesse caso específico, imaginamos que as pessoas que administravam lojas online tinham espaços reservados para armazenar seus produtos, contabilidade organizada, e logística bem definida. A realidade acabou se revelando muito mais confusa e multidimensional. Vimos pessoas administrando seus negócios em dormitórios de faculdade ou galpões. Alguns usuários pareciam ser bem organizados, enquanto outros mal conseguiam encontrar os itens encomendados. Vimos dois homens administrando o mesmo tipo de negócio, em dois lados de uma mesma rua: um era extremamente bem-sucedido, enquanto o outro estava à beira da falência. Ambos, naturalmente, buscavam as razões do seu sucesso ou fracasso na plataforma online que lhes oferecia o espaço para comercializar os produtos projetados. Essa riqueza e singularidade do contexto individual é o que torna tão difícil o design de soluções futuras. Ao mesmo tempo, são exatamente esses contextos que são infinitamente criativos e cheios de inspiração para novos produtos, serviços e experiências.

Provavelmente acabei de convencê-lo que contexto é difícil de definir. Difícil, mas não impossível. Vou contar a abordagem que uso para lidar com isso. Imagine que você faz uma parte de uma equipe encarregada de criar um aplicativo para ajudar pacientes que sofreram um AVC (acidente vascular cerebral) e que estão em processo de reabilitação, após terem tido alta do

---

[71] Seonaid McDonald (2005, p. 455-473).

hospital. Não é provável que você tenha experiência direta com esse assunto. Existe uma maneira de entender o contexto que os usuários vivenciarão?

Etapa 1

Sempre começo procurando uma boa pergunta a fazer. Muitas perguntas costumam conter a ideia de uma solução, mas isso não está óbvio. Por exemplo, a pergunta *"entender o uso de console de jogos para proporcionar exercícios de reabilitação em casa"* supõe que um console de jogos seja a melhor solução, o que pode não ser necessariamente verdade. Uma boa pergunta se concentra exclusivamente no contexto. Por isso, eu faria a seguinte pergunta: *"Como é ser uma pessoa se recuperando de um AVC, que acabou de ter alta do hospital e que precisa se recuperar em casa? Que preocupações, sentimentos e atitudes elas têm durante a primeira fase de reabilitação pós-AVC?"*

Etapa 2

Depois de definir a pergunta de pesquisa, procuro considerar minhas próprias vícios sobre o contexto em que os usuários vivem. O objetivo desse exercício é eliminar os vícios para que eu possa enxergar o contexto do usuário sem viés pessoal. Ele também me sensibiliza para os diferentes aspectos desse contexto e me ajuda a formular boas perguntas de follow-up. Anotar os meus vícios também ajuda a verificar que descobertas vieram de pesquisas com usuários e quais foram fruto dos palpites intuitivos da minha equipe. Normalmente, lidamos com nossas premissas quando preparamos um mapa mental e ilustramos todas em uma sessão de brainstorming.

Etapa 3

Depois de lidarmos com as premissas, é hora de fazer a pesquisa com os usuários. Existe uma grande variedade de métodos que podem ser aplicados – alguns mais demorados, outros, menos. Às vezes, realizamos uma série de entrevistas, em que um membro da equipe faz o papel de alguém que aprende a viver a vida de nossos clientes. Em outros projetos, implantamos um estudo diário, no qual os clientes fazem relatos diários sobre as perguntas que elaboramos para eles. Com frequência, fazemos observações combinadas com sessões cocriativas com os participantes.

Meu método preferido, contudo, é chamado de Sondagem Cultural.[72] Embora seja demorado, ele revela insights extraordinários sobre o mundo dos usuários. A Sondagem Cultural é um pacote composto por uma série de exercícios projetados para provocar a reflexão dos participantes sobre os vários aspectos da sua experiência atual e futura. Vou compartilhar a seguir um dos projetos de Sondagem Cultural que realizamos para uma empresa telefônica polonesa: Play.[73]

O departamento financeiro nos contratou para redesenhar as faturas enviadas aos clientes. A tarefa pode parecer trivial, mas é importante ressaltar que a fatura é a forma mais pertinente de contato entre a empresa e seus clientes. Depois de analisar nossas próprias premissas e passar por uma série de entrevistas de sensibilização com diversos tipos de clientes (pessoas físicas, pequenas e grandes empresas e contadores), percebemos que uma fatura não pode ser reduzida à conveniência do documento. Queríamos descobrir quais são as características das faturas boas e ruins, o que acontece com uma fatura quando ela chega à casa das pessoas e o que deve constar do e-mail que a acompanha. Também queríamos entender por que as pessoas escolhem um método de pagamento em detrimento de outro e por que não pagam a fatura até o vencimento.

Para tanto, decidimos levar 30 clientes da Play para uma viagem. Com a ajuda de três estudantes de mestrado do Departamento de Design da Academia de Belas Artes de Varsóvia,[74] criamos um pacote no formato de uma mala de viagem, com seis pacotes contendo uma tarefa por dia.

---

[72] Bill Gaver, Tony Dunne e Elena Pacenti (1999, p. 21-29).
[73] www.play.pl.
[74] Magdalena Rydygier, Przemek Pomaski e Weronika Siwiec.

O nível de engajamento foi extraordinário. Os resultados nos fizeram perceber que uma informação que realmente interessava a nossos usuários era quanto eles precisavam pagar – informação que ficava meio escondida na versão antiga da fatura. Mas também descobrimos que o pagamento da fatura dá às pessoas uma sensação positiva de dever cumprido, e que elas deixavam de pagar suas contas não porque queriam enganar a empresa, mas porque se esqueciam de pagá-las ou não tinham dinheiro suficiente. Em ambos os casos, os clientes ficavam sinceramente arrependidos pelo atraso e dispostos a se desculpar. Esses insights nos levaram a uma série de ideias sobre o processo de pagamento (por exemplo, enviar uma mensagem de agradecimento depois que o pagamento for recebido) e também sobre novos serviços que nunca teriam passado por nossas mentes.

Etapa 4

Para concluir minha compreensão sobre o contexto do usuário, costumo promover uma oficina criativa, que dá à equipe a oportunidade de refletir sobre as experiências registradas em conjunto com os participantes. Normalmente, pedimos aos participantes para contar suas histórias mais uma vez, enquanto as visualizam de alguma forma. Uma das ferramentas que muitas usamos é o iScale[75] – técnica de visualização que ajuda os usuários a desenhar uma curva de sua experiência e simultaneamente descrever os pontos mais relevantes de sua interação. Dessa maneira, a equipe fica com uma perspectiva comum sobre as experiências contextualizadas, em vez de várias informações desconexas.

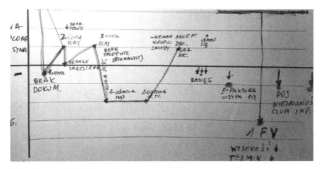

Foto: Joanna Kwiatkowska

---

[75] Evangelos Karapanos, Jean-Bernard Martens e Marc Hassenzahl (2012, p. 849-865).

Etapa 5

Embora, à primeira vista, as histórias dos usuários possam parecer bastante individualistas, muitas vezes é possível extrair padrões comuns entre elas. Um exercício de formação de padrões normalmente acontece durante outra sessão criativa, realizada internamente com a equipe. Por que os usuários não são convidados? É claro que você pode pensar em convidá-los para a sessão, mas é importante lembrar que, embora os usuários sejam fontes importantes para revelar as necessidades, além de grandes avaliadores das soluções derivadas, eles não são designers. Portanto, é da responsabilidade da equipe de design criar cenários de soluções futuras que visam atender a essas necessidades.

Esse processo nos ajuda a criar soluções que vão além do "consumo físico" e atendem à necessidade de consumo que contribui não só para o ato mecânico de usar um produto, mas também para a construção de envolvimento emocional.[76] Dessa forma, esperamos construir experiências positivas e significativas que façam as pessoas felizes e, portanto, leais à nossa empresa.

A **Dra. Agnieszka (Aga) Szóstek** ajuda as empresas a desenvolver abordagens centradas na experiência para a concepção de serviços, sistemas e produtos. Ela combina as funções de consultora de estratégia, mentora, pesquisadora e designer em vários projetos de serviço e design de aplicativos, desde o design da comunicação interna até o redesenho de processos. Ela também é professora adjunta e palestrante de design de experiências no Departamento de Design da Academia de Belas Artes de Varsóvia e professora visitante no Instituto de Informática da Universidade de Tallin, na Estônia.

---

[76] Dan Ariely e Michael I. Norton (2009, p. 475-499).

Benefícios a serem entregues

- Oferta de valor de um futuro plausível e suas oportunidades de negócio.
- Insights e argumentos para uma nova estratégia de diferenciação de mercado no futuro.
- Comprometimento e urgência para mudar.

Perguntas para você

- *Que novas Ofertas de Valor podemos identificar? Para qual Indivíduo do Futuro? Onde e quando?*
- *Alguma organização conhecida já está trabalhando em uma Oferta de Valor similar?*
- *Qual é a distância entre essas novas Ofertas de Valor e nós?*
- *Que partes de nossa Ideologia Central estão presentes em Contextos Futuros?*
- *O que precisamos para gerar o valor e quanto isso nos custará?*
- *Que Trocas de Valor devem ocorrer para tornar a organização competitiva?*

POLICIES DE VALOR

Um produtor de energia foi desafiado pelas novas lógicas na sociedade. O crescente progresso tecnológico, as mudanças climáticas e o desejo do usuário de experimentar a produção de energia distribuída colocou à prova sua atual oferta de valor. Entendendo que o futuro pode levar a um nível maior de abundância e incerteza, a equipe explorou os valores que passarão por transformações nos próximos 15 anos. Ao analisar as principais Forças Condutoras, a organização concluiu que, para uma parte da sociedade, a oferta de valor presente da empresa como geradora de energia era insuficiente. Era necessário criar uma nova carteira de oportunidades de mercado. E identificou várias bases de novos conceitos em suas competências essenciais e posição competitiva no mercado. Como resultado, a equipe de gestão definiu uma política estratégica, com foco no contexto do uso de energia do usuário, gerando um novo posicionamento estratégico de sua oferta de valor. Essa orientação ajudou a organização a alcançar seu objetivo, equilibrando a sustentabilidade econômica durante o processo de mudança. Devido à regulamentação específica, a organização também incluiu um rigoroso conjunto de limites da Policies de Valor, definida para orientar seus executivos e evitar eventuais responsabilizações jurídicas. Essa clara diretriz contribui para que a organização compreenda e comprometa suas ações no sentido de novas posições competitivas de mercado. A estratégia de futuro e o comprometimento definidos orientam a criação de novas posições competitivas de mercado. Eles estão no processo de se transformar de um fornecedor de energia comum para um fornecedor de energia que gera novas experiências durante o momento do consumo.

As Policies representam um espaço de orientação, uma causa de ações[77] em ambientes incertos. Elas são naturalmente parte de um processo de

---
[77] New Oxford Dictionary of English.

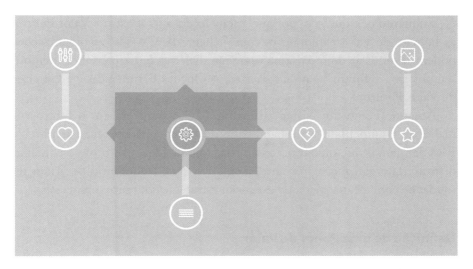

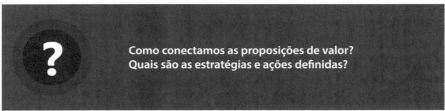

governança estratégica e apoiam a tomada de decisões. Muitas vezes, no entanto, não estamos cientes de sua existência e, ao mesmo tempo, percebemos a ausência de alinhamento estratégico na organização. As consequências são extravio dos recursos, redução da agilidade, e, especialmente, criação de uma cultura de *patches* ou "remendos". Para cada urgência, os responsáveis criam um remendo, uma solução relativamente rápida e espontânea. No entanto, esses patches geralmente ignoram as sinergias, a integração e os benefícios com a organização e sua posição estratégica de valor. Além disso, o patch pode ser de suma importância para a sobrevivência da organização e é a sua estratégia para o futuro. Não se trata de um ou de outro; ambos são importantes para a sobrevivência no longo prazo.

As Policies de Valor atenuam esse dilema e risco, transformando-se em "comprometimentos estratégicos".[78] Essa decisão alinha os diferentes atores aos mesmos elementos estratégicos e ambiente dinâmico de ação.

---

[78] Michael Raynor (2013). Localização no Kindle: 150.

Enquanto o "o que" e o "por que" estabelecem a Proposta de Valor Futuro, as Policies de Valor exploram o "como" chegar lá e "o que" as organizações podem fazer. Elas definem uma oposição dialética entre o conhecimento e seu objetivo definido[79] – no nosso caso, as Opções Estratégicas e a Geração de Valor Futuro.

Atuando como um "sistema dinâmico", elas transformam o futuro em realidade e aumentam a probabilidade de haver uma operação rentável.[80] Elas definem o que mudar ou não e com que rapidez, conforme o contexto distinto da organização. Portanto, o objetivo geral é equilibrar os ritmos de mudança com a capacidade de execução estratégica durante o processo.

Definição de uma Policy de Valor

As Policies de Valor versam, em sua essência, sobre relacionamento e compreensão. Elas conectam a operação do dia a dia com a estratégia de valor futuro, o contexto externo e interno e o alinhamento dos diferentes atores durante a execução. A comunicação clara, uma narrativa lógica e a colaboração durante a definição e execução da lógica são, portanto, importantes. Sem o alinhamento abrangente das partes, existe o risco de que o futuro não se conecte com o presente devido à falta de conscientização, comprometimento e urgência das pessoas.

Não há uma estrutura pré-definida ou linear que possa incorporar essas características. As Policies de Valor, portanto, descrevem uma trilha, não um caminho. São caracterizadas por voltas e reviravoltas que se adéquam às ações necessárias para entregar a Oferta de Valor Futuro.

A transição da matriz energética alemã, a Energiewende, tem suas raízes no movimento antinuclear dos anos 1970. Ela recebeu uma atenção especial após o desastre de Fukushima, em 2011. Seu objetivo: reduzir o risco da energia nuclear e explorar fontes alternativas de energia. A estratégia definida para alcançar esse objetivo previa a descarbonização da matriz energética do país, mais independência das importações de energia, inovação em tecnologia e aumento da eficiência energética. Todas essas medidas devem reduzir em 40% os níveis de CO_2 até 2020.[81] Um foco especial foi a redução prevista da

---

[79] Adaptado de Douglas Torgerson (1986, p. 52-53).
[80] Adaptado de Roger Martin (2009). Localização no Kindle: 829.
[81] Nível de referência do ano de 1990.

dependência de carvão, que representa cerca de um terço das emissões de CO_2. Sem atingir essa redução específica, o objetivo de redução de emissões até 2020 não poderá ser alcançado.[82]

Foram definidas Policies e foi traçado um caminho para se concentrar em gás, reduzir o uso de carvão e aumentar o uso de energias renováveis. Algumas questões, no entanto, aconteceram um pouco diferente do esperado.

Trezentos e oitenta mil novos postos de trabalho e quatro anos depois, a Alemanha é um dos países líderes na produção de energia alternativa. Porém, a maioria das usinas de carvão poluentes ainda opera 24x7. Patrick Graichen, do think-tank Agora Energiewende, chama essa nova realidade de "Paradoxo da Transição de Fontes de Energia". Em vez de forçar o fechamento das usinas a carvão, as usinas a gás, muito mais sustentáveis, foram tiradas da matriz. Por que essa mudança? A Alemanha lida com o dilema criado por o Merit--Order-Effekt (M-O-E), uma lógica para classificar as fontes de energia disponíveis. A classificação afirma que a usina de energia com o custo variável de produção mais elevado será desligada – neste caso, a de gás. Duas mudanças principais favoreceram o preço do carvão nos últimos anos. Em primeiro lugar, as usinas têm uma vida útil de produção mais longa do que o esperado, e, em segundo lugar, o colapso do comércio de emissões reduziu seus custos variáveis.[83]

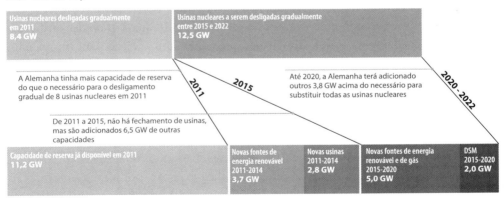

20,9 GW de capacidade nuclear

...a serem substituídos por 24,7 GW.

Fonte: German Energy Transition – energytransition.de (CC) – Cálculo: Instituto de Ecologia Aplicado

---

[82] Energytransition.de.
[83] Patrick Graichen, 16.12.2014 – http://phasenpruefer.info/.

Essas circunstâncias mudaram o cenário que estimulou a definição das Policies. A Alemanha está, portanto, em busca de novas opções para lidar com a nova situação.

O caminho havia mudado, e as consequências afetariam o futuro. Sem estar munida de alternativas, a política tem de intensificar a argumentação e rever seus planos.

Definição de uma robusta Policy de Valor

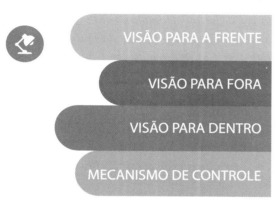

As Policies de Valor são o conector do Framework de Valor Futuro. Elas vinculam o presente ao futuro e o ambiente externo com o contexto organizacional. Para alcançar esse equilíbrio, elas interagem sobretudo com os outros blocos básicos do Framework. Portanto, não é um exagero afirmar que as Policies de Valor são o coração pulsante da lógica mais abrangente. Sem elas, não teríamos a implementação, não haveria uma ponte entre o presente e o futuro, e o alinhamento organizacional seria limitado. As Policies articulam e representam as quatro dimensões que conectam: a Visão para frente, para fora, para dentro e um mecanismo de controle/restrição.

A **visão para a frente** integra a temporalidade. Quando definimos uma Policy de Valor, nós a conectamos com os principais Condutores e Atratores do Portfólio de Mudança. Cada uma dessas mudanças selecionadas tem o potencial de alterar os Contextos Futuros. Um bom conselho: prepare-se para uma implementação cheia de surpresas. Para manter a execução no rumo certo, visão para a frente também significa explicar "por que" a organização definiu um conjunto específico de estratégias para o futuro e como seria esse Futuro Plausível. A Policy também deve explorar possíveis contramovimentos e possíveis derivações das Forças Condutoras relacionadas, bem como eventos ou circunstâncias que possam ser desencadeadas como Atratores. Essa informação aumenta a sensibilidade da percepção durante a execução. A visão para a frente na Policy de Valor representa a razão desejada e plausível da mudança. Inclua nas Policies de Valor:

- Faça uma lista dos principais Condutores e Atratores e suas implicações.
- Descreva a contribuição para a futura posição competitiva de mercado e o Futuro Desejado.
- Explique quais são as mudanças críticas necessárias para atingir a meta.

A **visão para fora** capta as essências do contexto de presente e de futuro. Ela descreve a percepção de valor e como alcançar uma Troca de Valor sustentável. Uma descrição completa abrange os elementos-chave do "porquê" da existência no contexto presente e também a lógica que explica por que as realidades futuras valorizariam a nova oferta de valor. Como as Policies influenciam e alinham as diferentes partes da organização, é importante considerar as implicações da execução sobre os diversos stakeholders. A estratégia definida não favorecerá a todos igualmente, e, portanto, os executivos precisam de orientação para explicar e defender as mudanças com seus stakeholders. Além disso, essa orientação aumenta o nível de prontidão durante a execução quando as mudanças acontecem.

- Descreva a percepção de valor do presente e seu equivalente no futuro escolhido.
- Explique as mudanças consideradas na sociedade e os possíveis contramovimentos.
- Faça uma lista dos stakeholders que podem ser afetados pela Policy. Explique como!

A **visão para dentro** representa a narrativa, a história que a organização conta para alinhar e energizar os funcionários. Da mesma maneira que a visão para fora, a visão para dentro ajuda a esclarecer que as mudanças vão produzir uma nova priorização de processos, recursos e ativos e que podem ter impacto direto na estrutura organizacional. O foco da visão para dentro é preparar as pessoas para as mudanças, explicando a importância e urgência da mudança. A Policy energiza e cria um comprometimento alinhado para a execução da nova oferta de valor futuro. A comunicação e a conexão dos funcionários com o futuro por meio da experimentação é, portanto, essencial. Isso reforça o alinhamento e apoia a criação de urgência para entender como as decisões alinham-se às Policies, ao valor e às mudanças subjacentes importantes.

- Explique como as Policies estão alinhadas à Visão Organizacional e à ideologia central.

- Descreva as Capacidades Estratégicas relacionadas e suas mudanças ao longo do tempo.
- Explique o passo a passo da mudança e suas implicações na cultura e estrutura organizacional.

Os **mecanismos de controle** definem as fronteiras do processo de execução. Isso pode incluir macroindicadores estratégicos, implicações quantificáveis para a estratégia organizacional ou recursos e ativos usados/disponíveis. Muitas organizações já adotam os KPIs (Key Performance Indicators) ou outras formas de mecanismo de controle de medição para orientar a execução. Também é importante definir um cronograma claro de mudança e descrever o processo de validação e seus critérios.

- Descreva os limites e restrições relacionados com as limitações estratégicas e de contexto.
- Explique os indicadores de desempenho e estratégicos e o propósito claro da avaliação.
- Defina os critérios de governança dos processos de execução e revisão.

As três fases da execução das Policies

Após a definição das Policies de Valor, o próximo passo é a execução. Devido à sua estrutura complexa, seria difícil executar a Policy de uma só vez, sem desmembrá-la em etapas menores. Por essa razão, aplicamos um processo em três etapas que permite melhor controle e alinhamento dos benefícios a serem entregues.

1. Preparação

As Policies de Valor têm componentes diferentes a serem entregues em cada fase. Inicialmente, o objetivo é se preparar para possíveis implicações durante a execução e promover o comprometimento das pessoas. Essas "Policies de Propensão"[84] alinham o ecossistema organizacional mais amplo e explicam "por que" o novo posicionamento é necessário. *Que implicações e reações podemos esperar da organização, processos e parceiros-chave? Qual é a nossa capacidade e velocidade da mudança? Qual é a nossa estratégia de comunicação para*

---
[84] Salvador Raza.

mobilizar e alinhar? A execução sempre irá gerar certo grau de atrito, e temos de estar preparados para lidar com isso e simular as possíveis implicações. A preparação também pressupõe a definição de metas estratégicas intermediárias para manter a motivação elevada durante o próximo passo, shaping.

2. Shaping

Quando começamos a execução, entramos na etapa de Shaping. É um processo controlado no qual os projetos e iniciativas são implementados para concretizar a meta definida. O alinhamento é um processo contínuo, e as Policies agora são "Policies de Shaping".[85] As Funções de Controle como indicadores, por exemplo, a comunicação frequente, permitem o alinhamento dinâmico entre todos os stakeholders internos e externos. É muito importante que a velocidade da implementação ocorra de forma equilibrada; nem muito rapidamente nem muito lentamente, mas em um ritmo adequado à capacidade (da parte) organizacional de mudança. Se a organização assimilar as novas lógicas muito rapidamente, pode tensionar a cultura organizacional e a sustentabilidade econômica. Atrasos, por outro lado, podem levar ao fechamento da janela de oportunidade. O que acontece com mais frequência, porém, é que a organização perde a oportunidade. A Nokia, por exemplo, foi desafiada a se libertar de suas próprias experiências.

A Nokia foi a pioneira em telefonia móvel, e não estaríamos onde estamos hoje sem ela (mas planejam voltar ao mercado). Durante sua época gloriosa, ela chegou a ter mais de 50% de penetração de mercado. Seus conceitos futuros sobre tecnologia eram compartilhados milhões de vezes e a empresa foi elogiada por ser uma organização que conseguia equilibrar o presente e o futuro. No terceiro trimestre de 2007, tudo mudou. O motivo: a Apple lançou o primeiro iPhone. O telefone havia sido criado a partir do zero, para uma nova realidade, questionando características presumidas comuns pelo mercado. Portanto, a Apple não apresentou melhor qualidade de chamada ou uma bateria com maior duração, mas uma nova interface flexível e uma experiência fluida para o usuário, uma novidade. Entretanto, embora a Nokia fosse tecnologicamente mais avançada que a Apple, ela não conseguiu superar o concorrente. O usuário e suas preferências mudaram muito além das lógicas funcionais de vendas. A Nokia contestou e chegou a negar publicamente, os conceitos de telas sensíveis

[85] Salvador Raza.

ao toque. Isso desperta interesse especial porque muitos dos Conceitos de Design Futuro desenvolvidos por competições de design adotaram a tecnologia e a levavam além. Reagindo ao novo desafio, a Nokia tentou emplacar "seu" sistema operacional, Symbian, mas levou muito tempo para fazer a difícil escolha de abandoná-lo. Suas preocupações sobre o fato de que "um fabricante de hardware poderia vir a dominar o Android",[86] como aconteceu com o Symbian, interferiu em sua agilidade para se adaptar e se comprometer em criar novas opções. A Nokia tinha a visão em suas mãos e a tecnologia para chegar lá. A janela de oportunidade era breve, e eles a perderam.[87]

3. A execução rumo à *mastery*

Ao entrar na fase rumo à mastery, o papel de execução controlada transforma-se em um processo natural, a motivação intrínseca está em um nível elevado, e recebemos recompensas positivas de nosso investimento. No entanto, receber um bônus é como um vício,[88] pois injeta uma dose de dopamina e ficamos com a visão ofuscada. A mastery só cria uma posição momentânea de competitividade avançada no mercado, já que as pessoas e os sistemas estão em constante transformação. Se chegarmos à mastery, o futuro terá se tornado presente e um novo futuro estará em formação. Não podemos parar de investigá-lo. A percepção de valor está sempre em constante mudança.

Benefícios a serem entregues

- Policies de execução estratégica para conectar o presente e o futuro.
- Tomada de decisão rápida e alinhamento organizacional.
- Governança estratégica e execução.

Perguntas para você

- *Quais são as principais variações de valor entre A Proposta de Valor Presente e a Proposta de Valor Futuro?*
- *Qual é a capacidade organizacional e velocidade da mudança?*
- *Quais são as restrições, limitações e limites organizacionais?*

---

[86] Stephen Elop (2010).
[87] Orlowski, Andre (2010).
[88] Sinek (2013).

PORTFÓLIO DE OPÇÕES

Uma seguradora internacional estava insatisfeita com sua lógica de avaliação do desempenho de funcionários. A aplicação de um processo colaborativo criativo gerou mais de 50 novos conceitos. A equipe do projeto desenhou um processo cujo objetivo era aumentar o número de insights e foresights. Para gerar as novas perspectivas, os mais de 150 participantes do projeto visitaram diversos contextos sociais relevantes, mas distantes para muitos. O propósito era entender as novas lógicas subjacentes do funcionamento de certos sistemas, seus mitos, paradigmas e símbolos. Por essa razão, também consideramos o futuro e incorporamos uma perspectiva temporal de como alguns dos paradigmas poderiam mudar ao longo do tempo. Com um novo conjunto de insights e foresights, o processo entregou mais de 50 conceitos novos. As novas ideias abrangeram desde o processo de avaliação e definição de metas até o gerenciamento de carreira e relacionamento com os stakeholders. Uma vez que o escopo do projeto era reformular o processo de desempenho, as outras ideias não foram consideradas por não serem estratégicas para o contexto definido. Cinco anos mais tarde, poucos membros do núcleo do projeto ainda estavam na organização, e a maior parte das ideias de um projeto intensivo, que levou sete meses, foi perdida. Uma nova equipe de gestão assumiu o comando e está enfrentando muitos dos antigos desafios que poderiam ter sido resolvidos pelas ideias geradas no projeto.

Gerentes estão rápidos em atribuir a culpa pelas crises internas às condições externas. É verdade que as mudanças na sociedade são cada vez mais súbitas, e os eventos externos estão muitas vezes além da nossa influência ou controle. No entanto, isso também indica uma cultura retrospectiva, a aprendizagem após o evento e uma postura passiva em relação ao futuro. Esse processo de aprendizagem pode ser doloroso e caro. Probst e Raisch, professores da

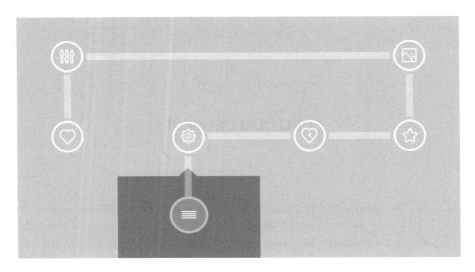

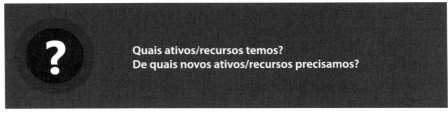

Universidade de Genebra, analisaram 100 grandes crises organizacionais e descobriram que mais de 50% das organizações eram bem-sucedidas antes de serem atingidas por uma crise. Porém, quando a crise chegou, as organizações perderam o impressionante valor de US$2.500 bilhões em cinco anos.[89] Trata-se de uma exceção? As organizações, em geral, estão preparadas para as mudanças? Uma análise do Centro de Crises da University of Southern California questiona esse argumento. Os pesquisadores fizeram um estudo de 20 anos e descobriram que, na melhor das hipóteses, 75% das empresas da Fortune 500 não estão preparadas para gerenciar uma crise desconhecida.[90] Portanto, não é um eufemismo dizer que, quando a crise chega, a maioria das organizações está em apuros.

E essas situações surpreendentes só se intensificarão.

A capacidade das organizações para se prepararem e responderem aos desafios de novas maneiras será fundamental para muitas indústrias. A

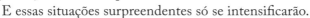

[89] Gilbert Probst e Sebastian Raisch (2005, p. 91).
[90] Ivan I. Mitroff e Murat C. Alpaslan (2003).

eficiência e a simplificação de processos também serão fundamentais, mas não podem preparar suficientemente as organizações para lidar com as mudanças vindouras. Em nossa realidade de incerteza, os executivos têm de agir rapidamente, evitando que a mudança reverbere pela organização. Isso significa decidir com rapidez, com a melhor informação disponível, sem ter feedback em tempo real das ações definidas. Se esse for o desafio de muitos executivos, a pergunta que fazemos é como aumentar a qualidade da tomada de decisão e a resiliência da organização. O desafio não é fácil e tem várias facetas. Ao mesmo tempo, a organização tem de gerenciar surpresas de curto prazo e não pode se dar o luxo de perder seu objetivo futuro de vista. Se as empresas se concentrarem apenas no presente, a sustentabilidade organizacional futura não estará garantida, e as ações realizadas posteriormente poderão envolver altos custos e riscos estratégicos. A orientação pura para o futuro também não é a melhor escolha, pois a geração de valor presente garante o investimento de recursos para a execução da estratégia definida. Estamos em busca de uma lógica adequada tanto para o aspecto tático quanto para a diferenciação de valor do amanhã.

O Portfólio de Opções estabelecendo uma estrutura de contingência que alinha as soluções de curto prazo à geração de valor de longo prazo. O Bloco Básico representa um conjunto de contramedidas para ajustar e reagir, caso necessário, e facilitar a tomada de decisões na incerteza. Ele oferece alternativas alinhadas às Policies de Valor e, ao mesmo tempo, é um patch para a urgência. Contudo, para ter essas opções à disposição, precisamos criar e validar constantemente as alternativas existentes e o que está faltando. Aqui entra a inovação.

As organizações têm duas alternativas estratégicas críticas: incorporar e criar novas opções ou adequar-se e reutilizar as opções que já existem. É claro que elas devem escolher ambas, e cada escolha estratégica traz desafios adicionais para a organização. Caso as opções sejam adquiridas no cenário externo, ou sejam geradas internamente, as organizações têm de estar conscientes do "dilema do contexto atual". Independentemente da fonte, a organização afunila e prioriza as opções conforme seus desafios atuais. E é nesse momento em que ideias, conceitos e possibilidades se perdem na tradução. Ainda assim, é praticamente impossível trabalhar com todas as opções e é necessário eliminar algumas. O processo de redução de opções, no entanto, não deve levar em conta somente o contexto atual, mas também a trilha representada pelas Policies de Valor e a Proposta de Valor Futuro definida.

Contudo, o contexto está em constante mudança, e os conceitos não adequados hoje podem gerar valor em crises à frente. Se mantivermos esses conceitos vivos, teremos um conjunto de possibilidades que podem ser adaptadas e reutilizadas. As Opções Estratégicas representam os ativos parcial ou totalmente desenvolvidos, bem como o acesso aos recursos que a organização tem à sua disposição para agir rapidamente.

Será que podemos nos dar o luxo de esquecer o que já foi gerado?

William Ross, pai da cibernética, argumenta: "Só a variedade (acesso às opções) pode destruir a variedade (mudanças constantes)." No caso do Portfólio de Opções, isso significa ter suficientes alternativas disponíveis e conhecer quais são as opções existentes e que lacunas existem. O primeiro passo é mapear as opções atuais e, em segundo lugar, avaliar quais delas são relevantes para a geração de valor presente e a geração de valor futuro. Para avaliar a relevância, temos de aceitar os desafios atuais e definir quais serão os critérios estratégicos a serem aplicados como o primeiro macrofiltro. Este primeiro *gateway* representa o alinhamento mínimo necessário com a organização no presente. Alguns exemplos desses critérios técnicos são as restrições legais, capacidade de execução, normas culturais, desejo organizacional, algumas limitações de recursos específicos e o alinhamento à ideologia central (de longo prazo). O acesso a recursos, capacidade de execução de projetos complexos, até mesmo restrições legais, estão em mudança e podem ter implicações estratégicas diferentes em 5, 10 ou 25 anos. No entanto, ao executarmos o processo de filtragem, é importante compreender as alterações das variáveis que aplicamos ao longo do tempo. Os critérios técnicos, portanto, precisam incorporar também uma perspectiva temporal de mudança. A análise das opções escolhidas permite reduzir a quantidade delas a um tamanho gerenciável e relevante.

É importante mencionar que, quando falamos de opções, elas não precisam ser totalmente desenvolvidas. Às vezes, um conceito parcial, um projeto executado pela metade ou outros recursos e ativos representam opções de valor. Talvez tenham de ser ajustados ou simplificados antes de serem considerados uma Opção para o Portfólio, mas faz parte do processo. Você pode perguntar quais opções são essas. A partir de nossos projetos, criamos um resumo de alto nível das opções consideradas com frequência. Ainda assim, cabe mencionar que cada organização é diferente, assim como as opções estratégicas relevantes.

- Talentos/Especialistas
- Ideias, insights e conceitos criativos

- Projetos ou iniciativas estratégicas
- Qualquer protótipo
- Patentes
- Campanhas de Marketing, Conceitos de Branding e marca
- Recursos estruturais e máquinas
- Acesso a redes de relacionamento/grupos
- Canais de distribuição
- Parceiros estratégicos de confiança
- Protocolos de planejamento de emergência
- Acesso aos recursos essenciais
- ...

Com os critérios técnicos e a lista de opções selecionadas em mãos, é hora de avaliá-los em relação às Policies de Valor e identificar eventuais "espaços em branco". Uma boa maneira de fazê-lo é em um workshop com os Donos/Patrocinadores das Policies e representantes de diversas áreas, incluindo estratégia, inovação, *futuring* e inteligência de negócios. Outra opção interessante é convidar os principais funcionários das áreas que têm contato com o cliente, bem como os principais interessados de confiança.

Nessas sessões de trabalho, começamos com uma apresentação do "porquê" presente e futuro e das Policies de Valor. Em grupos, os participantes recebem um baralho, em que cada carta representa umas das opções pré-selecionadas. Eles começam a participar do jogo, discutindo a essência, a importância e a urgência da opção em questão, alinhada às Policies de Valor à sua frente. Essa interação estimula novas discussões e análises sobre as alternativas que a organização tem para executar a estratégia definida. Se houver espaços em branco ou não houver muitas opções para Policies de Valor específicas, os participantes podem sugerir um processo/projeto ou criar uma solução *ad-hoc* específica. Os resultados dessas sessões de trabalho são surpreendentes. No final de apenas dois dias, a organização tem uma compreensão mais clara das suas opções. Também entram em discussão as alternativas ausentes e as inovações necessárias para preencher as lacunas. Esse tipo de workshop não é apenas importante, é também uma boa preparação para o processo de formulação estratégica que engloba inovação, *futuring* e estratégia.

Quando Mintzberg fala que a mudança estratégica verdadeira requer o investimento em novas categorias, evitando reorganizar as categorias antigas, ele quer dizer que as respostas às mudanças bruscas no ambiente não podem ser desenvolvidas dentro de um cronograma. Ele argumenta que elas devem surgir a qualquer momento e em qualquer lugar na organização.[91] Em outras palavras, Mintzberg afirma que a preparação e a agilidade são fundamentais. O Portfólio de Opções ajuda a aprimorar essas capacidades organizacionais. Ele representa um conjunto selecionado de opções que permite a liderança mais adequada às mudanças. Ao combinar essas opções ponderadas pelo risco, são geradas novas alternativas alinhadas com as Policies de Valor. O Portfólio desempenha o papel de amortecedor contra as incertezas. Ele eleva o nível de resiliência e eficiência organizacional, aumentando o grau de preparação. Isso traz um impacto positivo sobre o "custo da resposta",[92] permitindo a reação às surpresas antes que elas gerem implicações negativas para as operações e lógicas da organização.

As seis etapas do gerenciamento do Portfólio de Opções são:

1. Definir o tipo de ativos e de recursos estratégicos para sua Estratégia de Valor Organizacional.
2. Captar todos os ativos e recursos "oficiais" disponíveis.
3. Validar as opções de acordo com um conjunto de critérios.
4. Distribuir as opções em categorias conforme as Policies de Valor.
5. Analisar os espaços em branco que existem e iniciar os processos para preenchê-los.
6. Transformar a lógica da criação de opções em processos.

Principais benefícios a serem entregues

- Nível de preparação e conscientização sobre a alocação de recursos.
- Portfólio de Opções Estratégicas que equilibram os esforços de curto e de longo prazos.
- Alinhamento do processo de inovação e estratégia.

---

[91] Mintzberg (1994, p. 109).
[92] Divisão de Serviço Público, Gabinete do Primeiro-Ministro, 2011.

Perguntas para você

- *Quais são as opções oficiais e "não oficiais" para a organização?*
- *Temos os recursos para compensar os espaços em branco? Qual é a nossa estratégia?*
- *Como podemos disponibilizar as opções para todos?*

Superblocos (*super chunks*)

Cada um dos sete blocos básicos do Framework de Valor Futuro desempenha um papel fundamental para a lógica organizacional. Exploramos cada parte em sequência, seguindo um processo lógico no qual cada produto final orienta a etapa seguinte. O processo iniciou-se no presente, expandiu nossa compreensão e percepção sobre o futuro plausível e, no final, conectou-se novamente com a execução da estratégia do presente.

Entretanto, o Framework de Valor Futuro não precisa seguir os passos pré-definidos. Cada bloco traz grande valor às atividades específicas da organização. Ainda assim, é a conexão entre as partes e seus círculos estratégicos que exploram as sinergias entre as lógicas de inovação, *futuring* e estratégia. Cada uma dessas novas combinações criadas representa uma estrutura lógica, um sistema de inteligência, adequado para os desafios estratégicos específicos.

Quando conectamos vários blocos ou vários círculos estratégicos do Framework de Valor Futuro, criamos os chamados *super chunks*, ou "superblocos". Nas páginas a seguir, vou explorar os três principais *chunks* estratégicos. Existem muitas outras conexões possíveis que não cabem nesse livro. No entanto, será um prazer compartilhar padrões e insights no hub online www.fvg.community. Visite-o e compartilhe suas experiências e reflexões sobre o futuro e como trabalhar com ele de forma estratégica.

Tomada de decisão ágil no curto prazo

Quando ocorre uma situação incerta, a crise se instala, a organização tem de reagir rápido com o propósito de chegar a uma solução viável. Em tais circunstâncias, os executivos estão sob grande pressão para apresentar alto desempenho e lidar com as limitações de recursos. Para completar o quadro, a janela de reação está se fechando rapidamente. É razoável e humano que, nesses momentos de alta pressão, a urgência de curto prazo prevaleça, sem que as implicações para o valor de longo prazo sejam consideradas. No entanto, para a geração de valor presente e futuro a organização necessita de ambos. O primeiro Chunk de Decisão Ágil ilustra um processo tático ponderado pelo risco de execução em uma situação muito urgente, e, ao mesmo tempo, ajuda a manter a geração de valor presente no caminho certo.

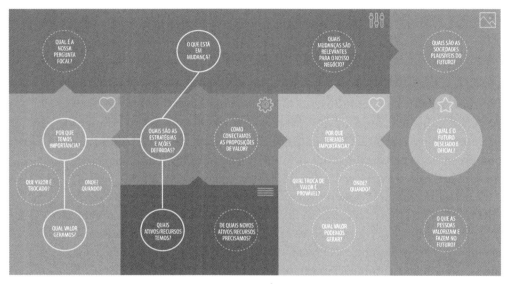

Decisão Ágil.

A Tomada de Decisão Ágil representa uma lógica para aumentar a agilidade e reduzir os impactos de surpresas externas. Ela conecta os Círculos Estratégicos do Portfólio de Mudança, as Policies de Valor, o Portfólio de Opções e a Proposta de Valor Presente. Mais especificamente:

- Portfólio de Mudanças: O que está em mudança?
- Policies de Valor: Quais são as estratégias e ações definidas?
- Portfólio de Opções: Quais ativos/recursos temos?
- Proposta de Valor Presente: Por que temos importância?
- Proposta de Valor Presente: Qual valor geramos?

Sem perder de vista a geração de valor de curto e de longo prazo, a lógica conecta o Portfólio de Mudança com as Policies e as Opções Estratégicas. A primeira ação deste pacote é analisar as possíveis implicações das transformações externas percebidas para a execução definida pelas Policies de Valor. Em segundo lugar, a organização precisa confirmar se as estratégias atuais são suficientes para manter a execução no rumo certo. Caso perceba um desvio, é necessário adotar novas ações para garantir a execução das Policies. Por esses motivos, os executivos acessam o Portfólio de Mudança. É importante lembrar que essas opções foram pré-validadas por um conjunto de critérios organizacionais e estão alinhadas às Policies de Valor em vigor. Com as novas opções integradas nas estratégias e definidas para a execução, devemos também avaliar se existem possíveis implicações para a troca de valor presente. Esse processo oferece as organizações uma nova agilidade se adequar e no mesmo tempo reduzir o risco.

George Stalk, conselheiro sênior do BCG, chama as organizações que têm facilidade de coordenação e velocidade na execução de "inovadores rápidos". Ele argumenta que, ao contrário, as organizações lentas têm o foco principal no controle, eficiência de custos e prevenção de riscos, o que retarda o processo de desenvolvimento e a administração das oportunidades futuras.[93]

Ao facilitar a tomada de decisão no momento certo, a organização reduz o efeito negativo sobre o posicionamento de longo prazo, resolvendo, ao mesmo tempo, o desafio de curto prazo. Essa lógica reforça a "competitividade temporal"[94] e sua sustentabilidade ao longo do tempo.

O processo contínuo de validação

O trabalho com o futuro é definido pela incerteza e não linearidade. A execução estratégica pede um processo que possa se ajustar à volatilidade e à incerteza. O desafio de tal processo está em oferecer alternativas e aumentar a qualidade das decisões sem desconsiderar as implicações de longo prazo. A orientação e as ações têm de ser validadas constantemente. No caso do Framework, significa que é estabelecido um processo de revisão que mantém a estratégia atualizada, as Policies válidas e a alocação de recursos direcionada. Essa lógica de validação segue o Diagnóstico e a Decisão. Ela garante a coerência da lógica e a plausibilidade da estratégia definida, adaptando os sete blocos básicos do Framework. A validação também estabelece um processo contínuo que liga a organização em torno do futuro. Com isso, a entrega colateral é importante e representa um enriquecimento cultural para o *futuring* estratégico. Para facilitar a execução, a Validação se divide em dois subprocessos (superblocos). O primeiro (a) é um *loop* de ciclo curto direcionado

---
[93] George Stalk (1990). Localizações no Kindle: 1914-1916.
[94] Inspirado em Gelatkanycz e Hambrick (1997, p. 12).

para o desempenho da execução da estratégia alinhado a novas mudanças. O segundo superbloco (b) tem como objetivo validar a consistência formulada da estratégia com a lógica plausível de futuro.

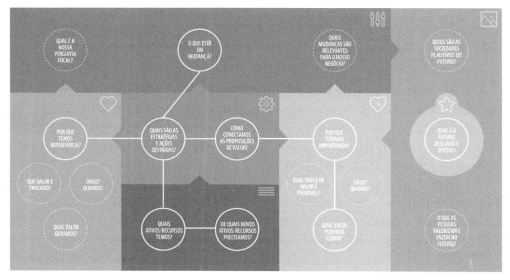

Alinhamento e Validação da Execução.

Alinhamento e Validação da Execução

O superbloco de Alinhamento e Validação da Execução integra os Círculos Estratégicos de seis blocos que precisam ser analisados criticamente:

- Ajustar os Atratores e Condutores do Portfólio de Opções, bem como suas ponderações.
- Validar os possíveis impactos sobre as futuras capacidades estratégicas.
- Analisar o nível geral de prontidão.
- Avaliar se as opções existentes no portfólio são adequadas e suficientes.
- Validar o progresso da geração de novas opções.
- Compreender os desvios de mudança e reação (feedback).

Com uma frequência de alguns meses, o processo valida o nível de resiliência e o alinhamento da execução entre a Proposta de Valor Presente e de Valor Futuro. Ao fazer isso, podemos monitorar, ajustar, relatar e acompanhar o desempenho das Opções e das Policies de Valor de forma eficiente e contínua.

A validação aumenta a robustez das organizações e, como o Professor Rich Bettis da UNC Kenan-Flagler Business School descreve, ela melhora o "potencial para o sucesso sob diversas circunstâncias ou cenários futuros".[95]

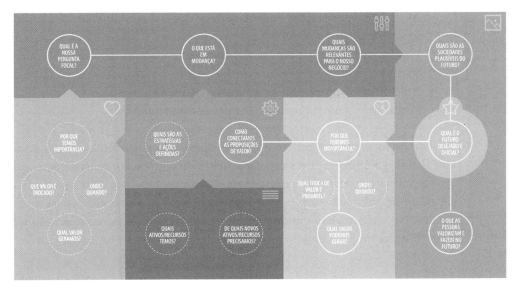

Alinhamento do Futuro Plausível.

Alinhamento do Futuro Plausível

Realizado uma vez por ano, na melhor das hipóteses alinhado à formulação estratégica, o segundo processo de validação, Alinhamento Futuro, verifica a integridade lógica alinhado com a estratégia organizacional formulada. O processo garante que os recursos alocados para a execução proporcionem a Troca de Valor esperada em Contextos Futuros. Ele explora possíveis ajustes do Portfólio de Mudança, Contextos Futuros e Proposta de Valor Futuro. Você deve:

- Validar a Pergunta Focal.
- Verificar a existência de novas alterações, sinais precoces e lógicas subjacentes.

---

[95] Bettis e Hitt (1995, p. 16).

- Validar as implicações e importância dos Atratores e Condutores atualizados para o contexto de negócios.
- Ajustar as mudanças nos perfis dos Indivíduos do Futuro e unidades sociais.
- Integrar eventuais alterações nas capacidades estratégicas, *sensemaking* e Futuro Oficial.
- Avaliar se as restrições e os princípios das Policies de Valor ainda são adequados.
- Validar se as atuais ações estratégicas nas Policies de Valor são adequadas.
- Adicionar, eliminar ou ajustar as opções relevantes no portfólio.
- Verificar se o novo processo de opções está alinhado.

Ambos os processos refletem os princípios subjacentes da Organização que Pensa o Futuro: agilidade e capacidade de adaptação, centralização no ser humano e no contexto e geração de comprometimento. Sem uma lógica contínua de validação, o processo certamente gera oportunidades para reflexões. No entanto, não garante uma execução alinhada para a Geração de Valor Futuro.

CONCLUSÃO

Nosso mundo está repleto de maravilhas. Ainda assim, não compreendemos muitas coisas e optamos por ignorá-las ou interpretá-las como mágica.[1] Novas realidades estão sendo constantemente criadas, impulsionadas pela acelerada mudança da tecnologia que conecta elementos ainda desconhecidos e desafia a existência dos indivíduos na sociedade. Mas o futuro também inclui a condição humana, as relações e o *Zeitgeist* (espírito da época). A sociedade prolifera-se no que Zygmunt Bauman define como sociologia polonesa – "uma sociedade líquida", na qual os valores são diversificados e novas comunidades nascem e desaparecem constantemente. *Logo, o futuro não se refere a um, mas a muitos. E onde existem muitos futuros, muitas oportunidades de valor podem ser exploradas. O momento e o contexto é o que realmente importa.* A sociedade gira em torno de relacionamentos e conexões de todas essas partes, e as organizações/instituições desempenham importante papel nesse tecido dinâmico de interações.

Trabalhar com o amanhã também significa trabalhar com a incerteza. É preciso, portanto, evitar a aplicação de uma mentalidade "pronta para o consumo", que desmembra as informações, classifica-as e apresenta-as em formatos resumidos. Esse pensamento, via de regra, não considera surpresas, oscilações e percepções controversas. Também não incorpora variáveis que poderiam alterar o curso previsto. As tendências são um grande manancial de insights, que seguem essencialmente esses princípios[2] da simplicidade estática e, muitas vezes, deixam de questionar o nível de preparação para o futuro. Além disso, elas apresentam mais sobre o presente do que o futuro e criam uma distração para explorar o futuro com mais neutralidade. No entanto, as tendências representam mudanças de valor e são importantes quando conectamos o presente com o futuro. Temos de vê-las como uma das mudanças possíveis, mas nada existe de forma isolada. *Precisamos explorar as*

---

[1] Arthur C. Clarke (1962).
[2] Adaptado de Daniel Bell (1964, p. 851).

diferentes variáveis que influenciam os futuros plausíveis, e isso significa a inter-conectividade.

Também temos de reconhecer que podemos conectar e explorar o futuro com diferentes métodos e metodologias, mas algumas partes dele ocultas para nós podem jamais existir ou revelam-se apenas quando se transformam em presente. Por isso, não devemos ficar preocupados com a perfeição nem tentar conhecer todas as variáveis quando preenchemos os espaços em branco. O trabalho com o futuro tem muito mais a ver com a preparação para enfrentar incertezas e um processo ágil e contínuo de condução de uma cultura de curiosidade, lógica e intuição. A curiosidade nos permite explorar as realidades atuais e futuras, compostas por diferentes sociedades, comunidades e estruturas sociais com as quais talvez não estejamos familiarizados. A lógica auxilia na identificação de padrões, enquanto a intuição nos orienta durante a tomada de decisão. O futuro baseia-se no processo de surgimento, no qual a relação entre os elementos e sua interação criam novas lógicas. Ele abrange os desafios subjacentes que produzem diferenças e resultados.[3]

A aplicação de um projeto de futuros inspira as pessoas. O desafio reside em sua estrutura centrada no contexto que transforma o trabalho altamente personalizado para cada desafio organizacional. Outro desafio é a pressão social de ser percebido como inovador e voltado para o futuro. Um horizonte de 50 anos pode ser estimulante, mas muitas vezes é distante e abstrato demais para possibilitar o planejamento estratégico. Por outro lado, o planejamento de curto prazo é ótimo para fazer previsões nas quais as tendências já começaram e os planos já foram definidos.[4] O pragmatismo no trabalho com o futuro visa a aquisição de uma nova consciência e a agilidade para viabilizar a geração de valor regenerativo contínuo,[5] e, mais importante, adequado à situação inicial da instituição.

Também vale mencionar que as ferramentas, métodos e metodologias existentes têm uma função de apoio. Caso contrário, esses métodos levariam a conclusões antes mesmo que o futuro fosse explorado. Assim, o propósito das estruturas é fornecer um guia à criação das melhores opções e estratégias de valor que tenham a maior probabilidade de sucesso. Isso significa explorar as sinergias e benefícios da Inovação, *Futuring* e Estratégia de forma integrada. A união desses componentes em algo fluido e neutro torna-os uma força motriz para os desafios que virão. O objetivo deste livro foi mostrar,

---

[3] Mills-Scofield (2012).
[4] Adaptado de Frederik Pohl (2012).
[5] Ryder, Malcolm (2015).

CONCLUSÃO 195

na *prática, essas conexões. Seu objetivo é apoiar a preparação da organização para agir e gerar valor frente à crescente incerteza. Com isso, quero inspirar pessoas como você e sua organização a integrar tais disciplinas e revalidá-las em termos práticos, estabelecendo um fluxo de trabalho mais dinâmico e integrador. A conexão desses três processos não faz apenas sentido estrategicamente, mas aumenta a sobrevivência de cada divisão individual, em caso de crises.*

Temos de acolher o pensamento holístico e futurista, já que é a fonte das oportunidades. Podemos negar sua existência e esperar que o futuro chegue com a certeza. Essa estratégia, no entanto, pode sair muito mais cara do que o esperado quando a crise chega. Este livro, portanto, não aborda a retrospectiva, o aprendizado do passado, mas debruça-se sobre os insights e foresights. Ele mostra como aplicá-los em benefício da vantagem estratégica organizacional e trata do tempo, ainda uma fonte incomparável de vantagem competitiva.

Os ritmos de mudança existem, e as Organizações do Futuro têm de investir em sua conscientização, explorando as premissas subjacentes que influenciam as novas realidades plausíveis. Seu objetivo é reescrever constantemente a sua geração de valor. A agilidade e a adaptação, aliadas à sensibilidade contextual e a um objetivo claro, plausível e comprometido, definem as Empresas Orientadas para o Futuro.

O GLOSSÁRIO

Vivemos em uma realidade de telas múltiplas, e explorei como podemos integrar essa possibilidade ao livro. Então, criei uma solução com um glossário online, uma segunda tela, que pode ser acessada simultaneamente à leitura do livro, sem precisar ficar virando páginas.

Você pode encontrar esse glossário em

http://fvg.community/future/glossary_fvg/

ou por este QR-Code:

O HUB ONLINE

Você nunca imaginaria, mas este livro tem o dobro do tamanho e inclui muitas outras contribuições e explorações práticas. No entanto, já foi um trabalho bastante árduo me concentrar no que ele representa – uma introdução a uma lógica e uma mobilização para a Geração de Valor Futuro. Este livro representa o começo de uma jornada mais extensa, e, por isso, criamos um hub online onde você encontra novas fontes de insights, versões ampliadas de algumas das contribuições aqui apresentadas, novas reflexões e sugestões, além de modelos para facilitar o seu trabalho do dia a dia. O hub representa uma comunidade de práticas e teorias para discutir a integração Inovação, *Futuring* e Estratégia. Convido você a visitá-lo, vivenciar seu conteúdo, e partilhar seus pensamentos no

http://fvg.community/future/.

Você também pode seguir o livro no Facebook

http://www.facebook.com/fvgthebook

ou contar a novidade para seus amigos no Twitter usando #fvgthebook.
Seja bem-vindo!
Obrigado

Daniel Egger

REFERÊNCIAS

3D Printer Builds Synthetic Tissues, 4 de abril 2013. Acessado em setembro de 2014. http://phys.org/news/2013-04-d-printer-synthetic-tissues.html.

Adlin, Tamara e Pruitt, John (2010). *The Essential Persona Lifecycle: Your Guide to Building and Using Personas.* Morgan Kaufmann Publisher/Elsevier.

Agostini, Andres (2015). The State of the Future, Today. Acessado em março de 2015. https://www.linkedin.com/pulse/state-future-today-march-07-2015-mr--andres-agostini-?trk=prof-post

Anderson, Chris (2008). The Long Tail: Why the Future of Business is Selling Less of More. Nova York. Hyperion. 2008 [Edição brasileira: *A cauda longa* (Rio de Janeiro: Elsevier, 2008).

Anderson, Stephen P. (2011). *Seductive Interaction Design: Creating Playful, Fun, and Effective User Experiences.* Reino Unido: New Riders.

Ariely, Dan e Norton, Michael I. (2009) Conceptual consumption. *Annual Review of Psychology 60*: 475-499.

Ashby, Ross (1957). *An Introduction to Cybernetics.* Londres: Chapman & Hall Ltd.

Auger, James (2010). Alternative Presents and Speculative Futures: Designing Fictions through the Extrapolation and Evasion of Product Lineages. *Negotiating Futures – Design Fiction* 6, p. 42-57.

Avi, Dan (2012). Kodak Failed By Asking The Wrong Marketing Question. *Forbes*. 31.01.2012. Acessado em fevereiro de 2014. http://www.forbes.com/sites/avidan/2012/01/23/kodak-failed-by-asking-the-wrong-marketing-question/

Barber, Marcus (2013). Wildcards – Signals from a Future Near You. 12/2013. Acessado em fevereiro de 2014. Desiredfutures@netscape.net. www.lufg.com.au

Bardach, Eugene (2011). *A Practical Guide for Policy Analysis: The Eightfold Path to More Effective Problem Solving.* Thousand Oaks: CQ Press College, 4th edition.

Bauman, Zygmund (2000). Liquid Modernity, *Polity Press*.

Bell, Daniel (1964). Twelve Modes of Prediction: A Preliminary Sorting of Approaches in the Social Sciences. *Daedalus*. Vol. 93, N. 3, *Population, Prediction,*

Conflict, Existentialism (verão de 1964), p. 845-880. Publicado por The MIT Press. Acessado em 10/08/2014. URL permanente do artigo: http://www.jstor.org/stable/20026862

Bettis, Richard A. e Hitt, Michael A. (1995). The new competitive landscape. *Strategic Management Journal* 16, Issue 1: 7–16.

Björn, Franke (2010). Design Fiction is Not Necessarily about the Future. Swiss Design Network Conference. Basel

Bleecker, Julian. (2010). Design Fiction: From Props To Prototypes. Swiss Design Conference. Basel.

Botsman, Rachel e Rogers, Roo (2010). *What's Mine Is Yours: The Rise of Collaborative Consumption*. Nova York, Harper Business.

Brandt, Mathias (2014). Uber Becomes the World's Most Valuable Startup. Publicado em 9 de julho de 2014. Statista.com. Acessado em julho de 2014. http://www.statista.com/chart/1967/startups-valued-at-one-billion-or-more/

Brassaï e Todd, Jane Marie (2002). Conversations with Picasso. University of Chicago Press, 1st edition, 1 de dezembro.

Castels, Manuel (2000). *The Rise of the Network Society*, Londres: Wiley-Blackwell.

Chakravorti, Bhaskar (2003). The Slow Pace of Fast Change: Bringing Innovations to Market in a Connected World. *Harvard Business Review Press,* Boston.

Chan, Kim W. e Mauborgne, Renee (2005). *Blue Ocean Strategy: How to Create Uncontested Market Space and Make Competition Irrelevant*. Boston: Harvard Business Review Press. [Edição brasileira: *A estratégia do oceano azul*. Rio de Janeiro: Elsevier, 2005.]

Clarke, I.F. (1979). *The Pattern of Expectation 1644-2001*. Nova York: Basic Books, Inc.

Clarke, Arthur C. (1962). *Profiles of the Future. Orion*. Kindle Edition.

Collins James C. e Porras, Jerry I. (1996). "Building Your Company's Vision". *Harvard Business Review*. Setembro-outubro, p. 65-77

Cordeiro, Jose (2014). The Future of Technology and the Technology of the Future. Palestras no Google. YouTube. Publicado em 15/11/2014.

Corn, Joseph J. (1984). *Yesterday's Tomorrows*. Baltimore e Londres: The Johns Hopkins University Press.

Cornish, Edward (2005). *Futuring: The Exploration of the Future. World Future Society*. Kindle Edition.

Craik, Kenneth (1943). *The Nature of Explanation*. Cambridge: Cambridge University Press.

Dator, Jim (2005). Foreword. In: Slaughter, Richards (org.) *Knowledge Base of Futures Studies*. Professional Edition CD-ROM, Brisbane: Foresight Institute.

REFERÊNCIAS 203

Davenport, Thomas H. e Patil, D.J. (2012). Data Scientist: The Sexiest Job of the 21st Centur. *Harvard Business Review*. Outubro.

Delaney, Kate (2003). Decision Corridors as a Futuring Technique. *Journal of Futures Studies*, Agosto, 8(1): 53-60.

Diller, Steve; Shedroff, Nathan e Rhea, Darrel (2008). *Making Meaning: How Successful Businesses Deliver Meaningful Customer Experiences*. Reino Unido: New Riders.

Dreyer, Iana e Stang, Gerald (2013) *Foresigh in Governmets* – Practice and Trends around the World. *Yearbook of European Security*, YES.

Drieschner, Frank (2014). Schmutziger Irrtum. Die Zeit. 4/12/2014.

Feuss, William J. (2009). Customer Value and Competitive Position. *HSATM*. Primavera de 2009. Volume 12, Issue 1.

Fredheim, Helge (2011). Why User Experience cannot be Designed. *Smashing Magazin*. 15/03/2011. Acessado em 04/09/2014. http://www.smashingmagazine.com/2011/03/15/why-user-experience-cannot-be-designed/

Gaver, Bill; Dunne, Tony e Pacenti, Elena (1999). Design: Cultural Probes. *Interactions* 6.1. 1999: 21-29.

Gedmin, Jeffrey (2013). Four Keys to Thinking about the Future. HBR Blog Network. 12/12/2013. Acessado em fevereiro de 2014. http://blogs.hbr.org/2013/12/four-keys-to-thinking-about-the-future/

Gladwell, Malcolm (2000). The Tipping Point: How Little Things Can Make a Big Difference. Nova York: Little Brown. [Edição brasileira: *O ponto da virada*. Rio de Janeiro: Sextante, 2009.].

Godet, Michel e Durance, Philippe (2011). Strategic Foresight for Coporate and Regional Development. DUNOD – UNESCO. 2011

Goertzel, Ben (2006). *The Hidden Pattern: A Patternist Philosophy of Mind*. Boca Raton: Brown Walker Press.

Gough, Noel (1990). Futures in Australian Education. *Futures*, 22, p. 298-310.

Gray, Dave (2012). *The Connected Company*. Sebastopol: O'Reilly Media.

Harendt, Hannah (1958). *The Human Condition*. Chicago: University of Chicago Press.

Hassenzahl, Marc (2010). Experience Design: Technology for All the Right Reasons. Synthesis Lectures on Human-Centered Informatics 3.1, 1-95.

Havas, Attila; Schartinter, Doris e Weber, Matthias (2010). "The Impact of Foresight on Innovation Policy-Making: Recent Experiences and Future Perspectives". *Research Evaluation*, 19(2), junho de 2010, p. 91-104.

Hicks, David (2006). *Lesson for the Future: The Missing Dimension in Education*. Victoria. BC: Trafford Publications.

Hicks, David (2007). "Lessons for the Future: A Geographical Contribution". *Geography*. Volume 92(3), p. 179-188.

Hicks, David (2007). "Lessons for the Future: A Geographical Contribution". Geography, Volume 92(3), p. 179-188. Publicado em fevereiro de 2014. http://teaching4abetterworld.co.uk/docs/download3.pdf

Hiemstra, Glen (2006). *Turning the Future Into Revenue: What Business and Individuals Need to Know to Shape Their Futures*. Hoboken, NJ: Wiley.

Hindes, Andy e Bishop, Peter (2006). *Thinking about the Future*. Washington: Social Technologies, LLC.

IBM Corporation (2010). Capitalizing on Complexity. Acessado em 20/09/2014. http://www-304.ibm.com/businesscenter/cpe/download0/200422/ceostudy_2010.pdf

Innes, J.E. e Booher, D. (2010). *Planning with Complexity: an Introduction to Collaborative Rationality for Public Policy*. Nova York: Routledge.

Ismail, Salim (2014). *Exponential Organizations: Why New Organizations Are Ten Time Better, Faster, And Cheaper Than Yours*. Moffett Field: Singularity University Book.

Iyengar, Sheena (2012). How to Make Choosing Easier. TEDSalon NY2011. Filmado em novembro de 2011. Publicado em janeiro de 2012. Acessado em fevereiro de 2014. http://www.ted.com/talks/sheena_iyengar_choosing_what_to_choose.html

Jeremiah Owyang (2014). Sharing is the New Buying: How to Win in the Collaborative Economy. SlideShare. Acessado em junho de 2014. http://www.slideshare.net/jeremiah_owyang/sharingnewbuying

Kaplan, Robert S. e Norton, David P. (2004). *Strategy Maps: Converting Intangible Assets Into Tangible Outcomes*. Boston: Harvard Business School Press. [Edição brasileira: *Mapas estratégicos*. Rio de Janeiro: Elsevier, 2004.]

Karapanos, Evangelos; Martens, Jean-Bernard e Hassenzahl, Marc (2012). Reconstructing experiences with iScale. *International Journal of Human-Computer Studies* 70.11. 2012: 849-865.

Keichel, Walter A. (1982). Corporate strategists under fire. *Fortune*, 106(13), p. 34-39.

Keichel, Walter A. (1989). Hard Look at Executive Vision. *Fortune*, 120, p. 207-211.

Khurana, Anil e Rosenthal, Stephen R. (1997). Integrating the Fuzzy Front End of New Product Development. Cambridge: *Sloan Management Review*.

Khurana, Anil e Rosenthal, Stephen R. (1998). Towards Holistic 'Front Ends'. In: New Product Development. *The Journal of Product Innovation Management*. 151: 57-74.

Koene, Randal (2014). Lecture 2045/From Neuroprostheses to Full Emulation of the Brain and towards Avatar, 13 de outubro.

Latour, Bruno (2007). Reassembling the social. Clarendon Lectures in Management Studies. 2007.

Lindgren, Mats e Bandhold, Hans (2003). Scenario Planning – The Link between Future and Strategy. Londres: Palgrave, MacMillian.

Lobenstine, Margaret (2006). *The Renaissance Soul: Life Design for People with Too Many Passions to Pick Just One*. Crown Publishing Group. Kindle Edition.

Lockwood, Thomas (2009). *Design Thinking: Integrating Innovation, Customer Experience, and Brand Value*. Nova York: Allworth Press.

Ludlow, Peter (2010). *Our Future in Virtual Worlds (Things not Only Can Be Virtual, but They Already Are)*. 40k. Kindle Edition.

MacHale, John (1978). The Emergence of Futures Research. In: Folws, Jib. (org.). *Handbook of Futures Research*. Westport, CT: Greenwood Press.

MacLeod, Hugh (2009). *Ignore Everybody: and 39 Other Keys to Creativity*. Nova York: Penguin Group. Kindle Edition.

Malphurs, Aubrey (2013). *Advanced Strategic Planning: A 21st-Century Model for Church and Ministry Leaders*. Londres: Baker Books.

Martin, Roger L. (2009). *The Design of Business: Why Design Thinking is the Next Competitive Advantage*. 3rd Edition. Boston: Harvard Business Review Press. Kindle Edition [Edição brasileira: *Design de negócios*. Rio de Janeiro. Elsevier, 2010.].

Martin, Roger L. (2014). The Big Lie of Strategic Planning. *Harvard Business Review*. Janeiro de 2014.

Mayo, Andrew (2012). *Human Resources or Human Capital? Managing People as Assets*. Londres: MPG Book Group.

McDonagh, Deana (2006). Empathic Research Approaches to Support the Designer: a Supra-Qualitative Research for Designing Model. *Design Issues*.

McDonald, Seonaid (2005). Studying Actions in Context: a Qualitative Shadowing Method for Organizational Research. *Qualitative research*, 5(4). 2005: 455-473.

McGrath, Rita Gunther e Gourlay, Alex (2013). *The End of Competitive Advantage: How to Keep Your Strategy Moving as Fast as Your Business*. Boston: Harvard Business Review Press.

Meadows, Donella (1999) *Leverage Points– Places to Intervene in a System*. Stellenbosch: Sustainability Institute.

Mida, Alexandra (2010). Design and Science Fiction: All That Glitter Is Not Gold. Swiss Design Network Conference, Basel.

Mills-Scofield, Deborah (2012). It's Not Just Semantics: Managing Outcomes vs. Outputs. Harvard Blog Network. Acessado em fevereiro de 2014. http://blogs.hbr.org/2012/11/its-not-just-semantics-managing-outcomes/

Mintzberg, Henry (1994). The Falling and Rise of Strategic Planning. *Harvard Business Review*. Janeiro-Fevereiro, 1994, p. 107-114 [Edição brasileira: *Ascenção e queda do planejamento estratégico*. Porto Alegre: Bookman, 2004.]

Mitroff, Ivan I. e Alpaslan, Murrat C. (2003). Preparing for Evil. *Harvard Business Review*. Abril de 2003.

Molitor, Graham T.T. (2009). Scenarios: Worth the Effort?. *Journal of Future Studies*. Fevereiro de 2009, 13 (3): 81-92.

"Momento's House of the Future in (the Old) Tommorowland". Publicado por macmouse4. House of the future – part 1!. Youtube. Acessado em julho de 2014. https://www.youtube.com/watch?v=DoCCO3GKqWY

"Move Over 3D Printing, Self-Assemblng 4D-Printed Materials Are On The Way", 3/6/2013. Acessado em setembro de 2014. http://www.gizmag.com/4d--printing-self-assembly/27734/

Neumeyer, Marty (2009). *The Designful Company: How to Build a Culture of Nonstop Innovation*. San Francisco: Peachpit Press.

Norman, Donald (2005). *Emotional Design: Why We Love (or Hate) Everyday Things*. Nova York: Basic Books.

O'Neal, Bill (1979). *Encyclopedia of Western Gunfighters*. Oklahoma: University of Oklahoma Press.

Office of the First Minister and Deputy First Minister of Ireland. A Practical Guide to Policy Making in Northern Ireland. Economy Policy Unit. Acessado em fevereiro de 2014. http://www.ofmdfmni.gov.uk/policylink

Page, Jane (2000). *Reframing the Early Childhood Curriculum: Educational Imperatives for the Future*. Londres: Routledge.

Pine II, Joseph e Gilmore, James H. (1999). *The Experience Economy: Work Is Theater & Every Business a Stage*. Boston: Harvard Business School Press.

Pohl, Frederik Forward (2012). *Arc 1.2 Post-Human Conditions* (Kindle locations 197-199). Reed Business Information Ltd. Kindle Edition.

Porritt, Jonathon (2013). *The World We Made*. Nova York: Phaidon Press Inc.

Prahalad, C.K. e Garry, Hamel (1990). The Core Competence of the Corporation. *Harvard Business Review*. Maio-Junho.

Prahalad, C.K. e Bettis, Richard (1986). The Dominant Logic: A New Linkage between Diversity and Performance. *Strategic Management Journal*, Vol. 7, N. 6, nov/dez, 1986, p. 485-501.

Prahalat, C.K. e Ramaswamy, Venkat (2004). *The Future of Competition: Co-Creating Unique Value With Customers.* Boston: Harvard Business Review Press [Edição brasileira: *O futuro da competição.* Rio de Janeiro: Elsevier, 2004.].

Probst, Gilbert e Raisch, Sebastian (2005). Organizational Crisis: The Logic of Failure. *Academy of Management Executive*, 2005, Vol. 19, N. 1.

Public Service Divisions, Prime Minister's Office Singapore. (2011). Conversations For The Future. 2011. Public Service Divisions Singapore

PwC. 17th Annual Global CEO Survey. (2014). Fit for the Future – Capitalising on Global Trends. Janeiro de 2014. Acessado em 20/09/2014. http://www.pwc.com/gx/en/ceo-survey/2014/assets/pwc-17th-annual-global-ceo-survey--jan-2014.pdf

Ramaswamy, Venkat e Ozcan, K. (2014). *The Co-Creation Paradigm.* Stanford: Stanford University Press.

Ray Kurzweil (2006). *The Singularity Is Near: When Humans Transcend Biology.* Nova York: Penguin Books.

Raynor, Michael E. (2007). *The Strategy Paradox: Why Committing to Success Leads to Failure (and What to Do about it).* Nova York: Crown Publishing Group. Kindle Edition. 2007.

Rodin, Judith (2014). *The Resilience Dividend: Being Strong in a World Where Things Go Wrong.* Nova York: Public Affairs.

Roney, Curtis W. (2010). Intersection of Strategic Planning and Future Studies: Methodological Complementarities. *Journal of Future Studies.* Novembro de 2010, 15(2) p. 71-100.

Rose, Stephen (1976). *Future Facts.* Nova York: Simon and Schuster.

Sánchez, Aurelio V. e Ruty, Manuel P. *et al.* (2008). *Competence-Based-Learning.* Vizcaya: University of Deusto.

Sawhney, Mohanbir (2003). The Seven Fundamentals of Value. CIO. 01.07.2003. Acessado em fevereiro de 2014. http://www.cio.com/article/29895/The_Seven_Fundamentals_of_Value_according_to_Mohanbir_Sawhney

Shapiro, Tali (2009). With a Shield or Upon It – Impressions from the Spartan State. Publicado em 9 de setembro de 2009. http://pulsemedia.org/. Acessado em julho de 2014. http://pulsemedia.org/2009/09/09/with-a-shield-or-upon-it--impressions-from-the-spartan-state/

Silver, Nate (2012). *The Signal and the Noise: Why So Many Predictions Fail — but Some Don't.* Nova York: The Penguin Press HC.

Singh Jagdev, H. e Brennan, A. (2004). "Strategic Decision Making in Modern Manufacturing", *Kluwer.* Academic Publ. Physical Description: 269 S graph.

Snowden, David J. e Boone, Marry E. (2007). "A Leader's Framework for Decision Making". *Harvard Business Review*. Novembro de 2007. Acessado em fevereiro de 2014. http://hbr.org/2007/11/a-leaders-framework-for-decision-making/

Stalk, George (1990). *Competing Against Time: How Time-Based Competition is Reshaping Global Mar* (Kindle Locations 419-420). Nova York: Free Press. Kindle Edition.

Stephenson, Neal (2003). *Snow Crash*. Nova York: Spectra.

Sterling, Bruce (2012). "The Object of Posterity's Scorn. Arc 1.1: The Future Always Wins" (Kindle Locations 172-173). *Reed Business Information Ltd.*

Surowiecki, James (2010). "Are You Being Served?" *The New Yorker*. 6/9/2010. Acessado em fevereiro de 2014. http://www.newyorker.com/talk/financial/2010/09/06/100906ta_talk_surowiecki#ixzz0yx89bzkM

Taleb, N. Nicholas (2007). *The Black Swan: The Impact of the Highly Improbable*. 2nd Edition. Nova York: Random House Trade Paperbacks. Kindle Edition. [Edição brasileira: *A lógica do cisne negro*. Rio de Janeiro: Best Seller, 2008].

Tapscott, Don (2010). *Macrowikinomics*. Nova York Portfolio/Penguin [Edição brasileira: *Macrowikinomics*. Rio de Janeiro: Elsevier, 2011.].

The Netherlands Science Council for Government Policy. (2010). Exploring Futures for Policymaking. WRR/Scientific Coucil for Government Policy. The Hague. Acessado em fevereiro de 2014. http://www.wrr.nl/fileadmin/en/publicaties/PDF-samenvattingen/Exploring_Futures_for_Policymaking.pdf

The Path of the Women's Rights Movement. Autor desconhecido. ibiblio.org. Acessado em julho de 2014. http://www.ibiblio.org/prism/mar98/path.html

Toffler, Alvin. (1985). *The Adaptive Corporation*. Nova York: McGraw-Hill Book Company.

Toffler, Alvin. (1972). The Futurists. Nova York: Random House.

Tonnies, Ferdinand (1957). *Community and Society*. Nova York: Courier Dover Publication.

Torgerson, Douglas. (1986). Between Knowledge and Politics: Three Faces of Policy Analysis. *Policy Sciences*, Volume 19, Issue 1, p. 33-59.

Travis (2014). '4 Years' In "Uber". Publicado em 6/6/2014. Acessado em julho de 2014. http://blog.uber.com/4years

Wayman, Sue (2009). *Future Thinking*. Plymouth: University College Plymouth. Acessado em fevereiro de 2014. http://arts.brighton.ac.uk/__data/assets/pdf_file/0009/5949/Futures-Thinking.pdf

Weick, Karl E. e Sutcliffe, Kathleen M. (2011). *Managing the Unexpected: Resilient Performance in an Age of Uncertainty*. Hoboken, NJ: Wiley.

Wohlsen, Marcus (2013). The Next Big Thing You Missed: The Sharing Economy Goes Corporate. Publicado em 12.10.13. *WIRED*. Acessado em junho de 2014. http://www.wired.com/2013/12/sharing-economy-goes-corporate/

Xie, J.; Sreenivasan, S.; Korniss, G. *et al.* (2011). Social Consensus through the Influence of Committed Minorities. *Physical Review E*, p. 84 (1). DOI:10.1103/PhysRevE.84.011130. Acessado em fevereiro de 2014. http://www.sciencedaily.com/releases/2011/07/110725190044.htm

Ypma, Evert (2010). Fiction in Design Research". Report on the 6th Swiss Design Network Conference in Basel.